JN222857

図解入門ビジネス

Shuwasystem Business Guide Book

How-nual

マネジメントに役立つ

エンゲージメントの高め方がよくわかる本

今の時代のリーダーが身につけたい管理スキル

境 修 著

秀和システム

あなたは現在の仕事にやりがいを持って取り組んでいますか？

アメリカ最大の調査会社であるギャラップ社が世界330万人に行った従業員エンゲージメント調査によると、日本企業における「熱意がある社員の割合」は全従業員の6%でした。これは139か国中132位、1位アメリカの31%と比べてもその低さがわかると思います。想像してみてください。社員100人の会社だと熱意を持って働いている社員は6人、恐ろしい光景だと思いませんか？

高度成長時代を生き抜いて「Japan as No.1*」と世界から評価された日本企業は、バブル経済崩壊後の長引くデフレ経済を経て、働き方に悩んでいるように思います。目標達成を優先するとブラック企業と呼ばれて退職者が増え、残業を減らし従業員の働き易さを優先したホワイト企業にしても退職者が増える、いったい何が正解なのでしょう？

バブル経済崩壊までの高度成長時代には、従業員エンゲージメントは「愛社精神」と呼ばれていました。私は大学時代に日本的経営を研究し、バブル経済まっただ中に総合商社に就職しましたが、そんな私の経験からすると高度成長時代の従業員が愛社精神が高かったというとそんなことはないと思います。就職した会社には一生勤めることが当たり前の時代、右肩上がりの経済環境に追い立てられるようにノルマをこなせば職位も給料も上がる環境においては、愛社精神は自然と醸成されていったのです。つまり、日本の企業は愛社精神＝従業員エンゲージメントを高める努力はしてこなかったのです。

---

*Japan as No.1：アメリカの社会学者エズラ・ヴォーゲルによる1979年の著書。戦後の日本経済の高度経済成長の要因を分析し、日本的経営を高く評価している。70万部を超えるベストセラーとなるなど、一世を風靡した。

長引くデフレ経済を生き抜くことに必死になっている間に、気がつけば日本人の就職観が変わり転職が当たり前の時代になりました。少子化と相まって、いよいよ従業員エンゲージメント向上に取り組まないと従業員が確保できず、生き残れない時代を迎えています。

　目標を高く掲げて必達を求めるモーレツ企業と、働きやすさを優先するホワイト企業、どちらかが正解なのではなく、どちらも兼ね備えたプラチナ企業を目指す必要があります。そのキーマンは中間管理職です。現代における中間管理職の「中間」とは2つの意味を持っています。ひとつは従来の、経営層と一般従業員の「中間の職位」という意味。もうひとつは、転職しない経営者世代と転職を厭わない若手従業員世代との「中間の世代」という意味です。本書では経営方針を理解し、若手従業員の気持ちも理解できる中間管理職＝マネージャー層が取り組むべきエンゲージメント対策について、具体的にお話ししていきたいと思います。

　一人でも多くの従業員が熱意を持って働く日本企業、現代版Japan as No.1を目指して。

境 修

目次　Contents

序章　従業員エンゲージメントとは何か？

第1章　STEP 1【準備編】
なぜ「エンゲージメント」を高める必要があるのか？

STEP 4 【実践編】
個人のパーパスをつくる

STEP 5 【実践編】
1on1で個人と組織のパーパスの 一致点を見つける

序 章

従業員エンゲージメント
とは何か?

最近エンゲージメントという言葉を聞く機会が増えましたが、エンゲージメントとはどういう意味なのでしょうか? 従業員エンゲージメントを高めるという本書のテーマを理解するために、この章では従業員エンゲージメントという言葉の定義とともに、注目されるようになった時代的背景について解説していきます。

従業員エンゲージメントとは会社と従業員のつながりの強さ

従業員エンゲージメントという言葉は、いろんな言葉に置き換えられています。従業員エンゲージメントに取り組むためには、その言葉の意味を考え、定義し、そして現代に受け入れやすい言葉で表現する必要があります。

従業員エンゲージメントを高めるには双方向の努力が必要

● エンゲージメントという言葉の定義

エンゲージメント（engagement）という言葉を辞書で調べてみると、一般的な意味として「約束」「契約」「誓約」などの言葉が出てきますが、ビジネスにおいては「会社と従業員や顧客との信頼関係、またはその関係性」として使われています。更に「従業員エンゲージメント」という言葉で調べると、「従業員が会社に対して愛着や思い入れ、誇りなどを持っており、自社のミッションやビジョンに共感している状態」という説明が出てきます。「愛社精神」という言葉で訳されることも多いと思いますが、愛社精神という言葉は重すぎる上に、現代的ではありません。愛着、思い入れ、誇り、共感という言葉を包括し、現代に合った優しいニュアンスの言葉として企業と従業員の「つながり」という言葉を使いたいと思います。

● 従業員と社員の違い

従業員と似た言葉に社員があります。一般的に社員という言葉は正社員を指しますが、従業員という言葉は正社員だけでなく契約社員や派遣社員など会社で働く人全てを含みます。一方で、現代においては働く人の雇用形態は多様化しています。派遣社員が正社員になることも多く、正社員が定年退職後に契約社員（嘱託社員）になることも多い現代においては、エンゲージメントを高める対象は社員に限定するのではなく、従業員全員にする必要があります。そういう意味も込めて「従業員」という言葉を使う意義を理解してください。

● つながる努力は従業員と会社の相互の努力

エンゲージメントを「つながり」と考えてみると、従業員側が一方的に努力するだけでつながりを強めることはできません。これは夫婦の絆を強めるためには、夫か妻のどちらか一方の努力だけでは難しいことと同じです。従業員だけでなく、会社も従業員に対してつながれるよう努力をする必要があります。

本書では、従業員エンゲージメントを「会社とそこで働く全従業員とのつながりの強さ」と定義します。そして、会社と従業員の双方がつながりを強める具体的は方法を提案していきたいと思います。

なお、エンゲージメントと似た言葉に「従業員満足度」がありますが、従業員満足度は労働環境や待遇、福利厚生など、従業員の仕事や職場に対する満足度を表す言葉です。

例えば、私が入社した頃はまだ土曜出勤がありましたが、入社2年目に完全週休二日制になりました。当時の私はとても嬉しかったのですが、週休二日制になってから入社した人たちにとっては当たり前で、そのことについて特にありがたみを感じているようなことはありませんでした。

このように労働環境改善のありがたみを感じられるのは、その時に在籍している従業員に限られます。つまり、従業員満足度を上げることは、エンゲージメントを上げる効果がありますが、その効果は限定的なので、本書は恒常的にエンゲージメントを上げることを目的としているので、従業員満足度対策には触れていないことを補足しておきたいと思います。

働きやすさと働きがいを両立する「プラチナ企業」を目指す

誰もが求める働きやすさを優先した「ホワイト企業」は、働きがいを優先する「モーレツ企業」に業績で劣ります。働きやすさと働きがい、この二つの相反する価値観の両立こそが現代の企業が目指すべき姿です。ホワイト企業とブラック企業のハイブリッド型「プラチナ企業」の特徴を解説します。

働きやすさと働きがいは両立できるのか?

● ホワイト企業の特徴

ホワイト企業は「従業員への待遇や福利厚生が充実していて、従業員の健康や労務管理などを重視するとともに、労働安全衛生に関して積極的な取り組みを行い、生き生きと長く働くための環境が整っている会社」、最近の言葉で言うとウェルビーイングに優れた会社と定義できます。具体的な特徴としては、「残業が少ない」「休暇がとりやすい」「福利厚生制度が充実している」「給与が高くて明確な評価制度がある」「在宅勤務など様々な働き方が選べる」などが挙げられます。

ホワイト企業の陥りやすい罠としては、「働きやすくすればやる気が湧いて業績が上がる」という性善説に陥りやすいことです。実際に、ゆるすぎるという理由で退職する若手が多いのも事実です。

● モーレツ企業の特徴

モーレツ企業は「労働者に対して目標必達を課し、そのためには長時間労働を厭わない」「上司からのトップダウンの指示が多く、パワーハラスメントなどのコンプライアンス意識が低い」ことが挙げられます。目標達成を最大の価値に置いているため、目標を達成した時の従業員の達成感は高く、達成感を感じる頻度を高めるための方策が多いのも特徴です。

一見すると高いやりがいを持った従業員が多く見えますが、目標を達成できない従業員に対しては「我慢や頑張りが足りない」といった精神論で乗り切ることを求める傾向があるため、結果的にやりがい搾取につながる恐れがあります。目標

達成というやりがいを失った時に、すぐに退職してしまう従業員が多いのが、モーレツ企業の陥りやすい罠だと言えるでしょう。

ホワイト企業とモーレツ企業

ホワイト企業

モーレツ企業

1　ワーク・ライフ・バランスを重視
2　働きやすい職場環境
3　キャリアアップを目指すには
　　物足りない

1　働きがい重視
2　社内に勢いと高揚感がある
3　営業時間が長く、退職者も多い

● プラチナ企業の特徴

　プラチナ企業を理解するには、その反対のブラック企業を理解することが早道です。働きやすさやウェルビーイングの意識が低く、目標必達を最優先してコンプライアンス意識が低い企業がブラック企業です。その反対のプラチナ企業とはホワイト企業とモーレツ企業の良い所を併せ持った企業、つまり「働きやすさと働きがいを両立した企業」だと言われています。ここで注意しないといけないのは、働きがいという言葉です。アメリカのハーバード・ビジネス・レビュー誌の調査によると、従業員エンゲージメントを高める要素として、「仕事の成果の承認」「会社への貢献の実感」「会社の戦略の理解」「目標の内容・納得感」などが挙げられています。つまり、モーレツ企業的な目標達成という価値観だけでなく、成果の承認や会社への貢献も働きがいにつながるということです。ホワイト企業のウェルビーイング的な環境の上に、達成感・成果承認・貢献などの働きがいを感じられる会社がプラチナ企業の特徴です。

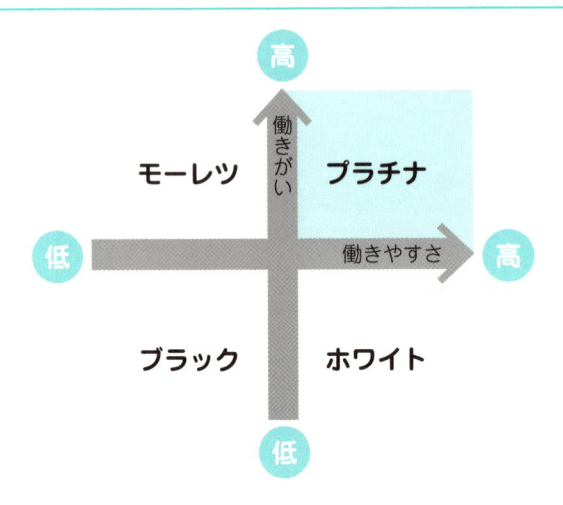

　日本経済新聞社による「プラチナ企業ランキング」の1位はサイボウズです。同社は1997年に創業したIT企業です。創業者の青野慶久社長の強いリーダーシップのもと、創業期には業績を急拡大させました。しかし一方で、ハードすぎる働き方から退職者が続出、その経験を経て現在では多様な働き方を積極的に取り入れたホワイト企業となっています。「チームワークあふれる社会を創る」をパーパス（企業理念）に、「理想への共感」「多様な個性を重視」「公明正大」「自主自律」「対話と議論」という企業文化を実践する同社は、ホワイト企業的環境の上に働きがいを実践する、プラチナ企業の模範と言えると思います。

プラチナ企業ランキング

順位	企業名	1年後売上高増減率（%）	PBR（倍）
1位	サイボウズ	19.4	20.07
2位	コスモスイニシア	14.9	0.46
3位	MIXI	24.4	1.05
4位	味の素	18.2	3.15
5位	メルカリ	17.0	11.83
6位	CARTA HOLDINGS	0.5	1.45
7位	Robot Home	32.5	1.98
8位	日本新薬	4.9	2.91
9位	エイチーム	▲13.3	1.45
10位	アクシスコンサルティング	23.6	－

日経新聞社2024年5月7日「プラチナ企業トップ100社」

　「豊かになりたい」という昭和的な働きがいは平成の長いデフレを経て「働きやすさ」に変質していきました。しかし、その副作用として企業と従業員の関係は淡泊になってしまい、企業側の多様化した価値観を持つ令和の従業員には物足りなくなっています。従業員を大切にした労働環境をベースに、決して従業員の自発的努力だけに頼らずに、目標設定と達成を指導する関わり方を持った「プラチナ企業」への進化が急務となっています。

0-3
現代は従業員の成長を考える企業が業績を伸ばす時代

業績アップという働きがいが外部から与えられた高度成長時代とは違い、現代は成長が頭打ちで働きがいが得られにくい時代です。そんな現代において業績を上げ続けるためには、従業員の成長をドライブすることで働きがいをつくり続けることが必要です。

ポスト高度成長時代における働きがいは成長促進

● 高度成長時代の働きがい

近年、どうして「働きがい」がテーマに上がるのでしょうか？それは、現在の経営層は「働きがい」を必要としてこなかったからです。驚いたかもしれませんが、真実です。つまり、現在の50代以上の経営層は、常にやらなければならない仕事に追い立てられて、それを処理することに精一杯で、やらなければならない仕事をこなすことが「働きがい」だったのです。高度成長時代からバブルまでは右肩上がりの経済に追い立てられ、バブルが終わるとバブルの後始末として経費削減や管理強化という仕事が増えて、低成長にもかかわらず仕事量は増えていきました。一方で、経費が理由で従業員を増やせず、転職もできない状況で社内のポストも減りました。つまり、経済環境にかかわらず仕事は常に増えていく中で、出世競争は激しくなっていったのです。こうして、働きがいを考えることもなくキャリアを積んできたのが現在の経営層です。働きがいを外から与えられ続けた経営層には働きがいとは何かがわからないのです。

● 若者は「成長」という働きがいを求めている

現代のZ世代若手社員は成長を最大の価値観にしています。その理由は、会社の存続を信じていないからです。長引くデフレ経済の中で育った若手社員は、会社がいつまでもあるとは思っていません。会社がなくなった時に頼りになるのは経験と知識とスキルです。つまり、現代の若手社員は自己の生き残りのために、成長を急いでいるのです。そこに転職しやすい環境が追い風になって、ステップアップして収入を増やすために急いで成長するという思考が生まれます。転職するた

めの成長ですから、今いる会社の中だけでしか使えないスキルは意味がありません。一方で役員や部長層はその会社の中で通用するスキルに長けているために評価された人たちです。もちろんどの会社、どの業界でも使えるマネジメントスキルに長けた人たちもいますが、プロ経営者が少ないと言われる日本企業においては少数派です。つまり経営層が得意としてきた社内の人脈を使うスキルは、若手にとってニーズはなく、魅力が無いのです。

プラチナ企業を目指すためには、働きがいが必要です。働きやすさには理想がありますが、働きがいは人によって異なります。強い責任感を働きがいとしてきた経営層には若手の危機感が理解できません。若手の働きがいは経営層に考えさせるのではなく、働きがいを必要としている若手自身の意見をベースに考えることが大切なのです。

従業員エンゲージメントは
マネージャーにかかっている

一般従業員のエンゲージメントを高めるには、普段接しているマネージャーの役割が重要になります。現代におけるマネージャーの役割と、一般層従業員が求める理想の上司像である「伴走型コーチ」の具体的姿について解説します。

タスクマネジメントからピープルマネジメントへ進化させる

● マネージャーの役割

ピーター・ドラッカー*という名前を聞いたことがあると思います。「マネジメント」という言葉をつくった人です。ドラッカーはマネジメントを、「組織に成果を上げさせるもの」という意味で使いました。英語本来のマネジメントという言葉も、「良くする」という意味を含みます。

ところが、日本においてはなぜか「管理」と訳され、マネージャーは管理職と呼ばれるようになりました。その結果、管理は成果を上げる手段のひとつにしか過ぎないにも関わらず、マネージャーの役割は管理することと理解されるようになってしまいました。

確かに、高度成長時代はやることがはっきりしているため、仕事の進捗を管理していれば成果が上がりました。しかし、VUCA*の時代と言われる現代においては、仕事の成果の上げ方は多様であり、進捗管理だけでは成果は上がりません。現状分析と判断を瞬時に行うことが、現代のマネージャーの役割です。正しい現状分析をするためには正しい情報が必要であり、その為には部下が正直に情報提供してくれるような心理的安全性のある組織をつくることが必要です。つまり、仕事の進捗を管理するタスクマネジメントから、心理的安全性を築くピープルマネジメントへの進化が求められているのです。

＊ピーター・ドラッカー：1909 ～ 2005年
＊VUCA：複雑・Volatility（変動性）、Uncertainty（不確実性）、Complexity（複雑性）、Ambiguity（曖昧性）の頭文字を取った言葉。変化が激しく、将来の予測が困難な状況を意味する。

●ミドルマネージャー（中間管理職）の重要性

　マネージャー（管理職）というと広く部課長を指すのが一般的ですが、本書では上級管理職＝部長と中間管理職＝課長を使い分けたいと思います。従業員エンゲージメントを高めるキーマンは中間管理職、つまり課長層です。その理由は「中間」という言葉の2つの意味にあります。

　まず1つ目の意味は「世代の中間」という意味です。現在の課長層は、部長以上に多い昭和世代と、一般職の平成世代にまたがる世代です。働きがいを考えなくても駆け抜けられた昭和世代と、成長を働きがいの中心に置く平成世代の中間として、どちらの価値観も理解できると思います。

　2つ目の意味は、経営層と一般従業員の「立場の中間」という意味です。部長以上の役割は会社や部の進むべき方向性を示すのが役割であり、課長はその方向性に沿って実務を進めることが役割です。一般従業員と一緒に仕事をしている課長層の一般従業員に対する影響力は絶大です。経営方針を一般層にわかりやすく説明し、実務に落とし込む課長層の役割こそが、一般従業員のエンゲージメント向上に、大きな影響力を持っているのです。

　現代は、一般従業員自ら「働きがい」を持つことが必要とされる時代です。一般従業員と一緒に仕事をする課長層が、一般従業員の働きがいをサポートすることが業績アップにつながります。

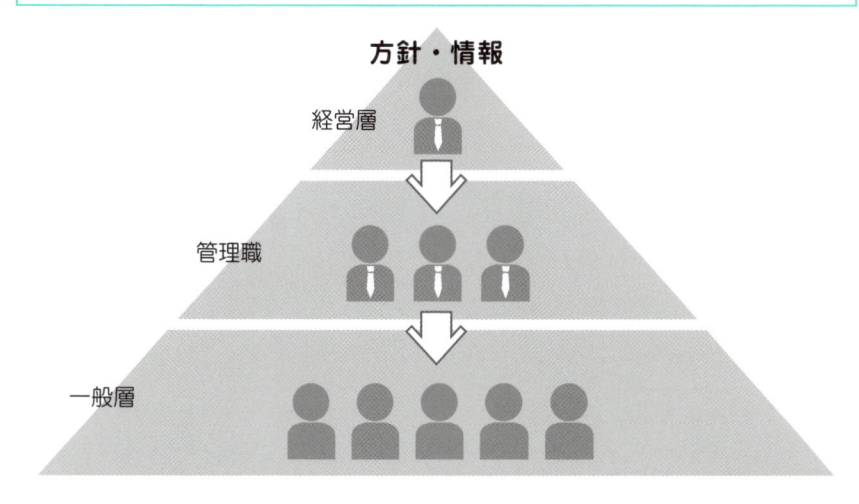

組織の階層構造

方針・情報

経営層

管理職

一般層

第 **1** 章

STEP 1【準備編】
なぜ「エンゲージメント」を高める必要があるのか?

従業員エンゲージメント向上活動を始める際に最初に躓くのが、目的の共有化です。従業員のエンゲージメントを高める効果は多岐にわたります。社会環境的に取り組むことが義務だという考え方もありますし、採用面での効果や従業員数の確保など人事的な効果もありますが、目的が共通認識されていないと活動にドライブがかかりません。従業員エンゲージメントを高めるには、その目的が「収益向上」であることを経営層から一般層まで全員で共有することから始まります。

1-1
従業員エンゲージメントが求められる時代背景

従業員エンゲージメントが求められる時代背景を理解するために、「VUCA」と「Z世代」という2つのキーワードを理解しましょう。

VUCAの時代とZ世代

● VUCAの時代

VUCAは、Volatility（変動性）、Uncertainty（不確実性）、Complexity（複雑性）、Ambiguity（曖昧性）の頭文字をとったもので、1987年にウォーレン・ベニスとバート・ナナスの『リーダーシップ理論』で初めて使われました。元々は軍事用語として発生しましたが、2010年代に入るとビジネス界でも急速に使われるようになりました。

VUCAの時代の特徴を一言で表すと「成功モデルが存在しない時代」ということです。自動車業界に例えると、高度成長時代には目標とする自動車よりも、燃費が良くて、運転しやすくて、乗り心地が良い自動車をつくれば売れました。

ところが、現在は燃費が良いといってもガソリンエンジンなのか電気自動車なのか、運転しやすいと言っても自分で運転するのか自動運転なのか、選択肢がたくさんあってどれを選べばよいのかわかりません。日本の自動車メーカーだけではなく、世界中の自動車メーカーが何をつくればよいのかわからずにいるのです。そんな成功モデルが存在しない時代に加え、「人生100年時代」と「ITの進化」という問題も同時に襲いかかってきています。

人生100年時代というのは、現役時代が長くなっているということです。平均寿命が長くなるにつれて、健康寿命も長くなっています。年金の受給年齢が延長されることと相まって、長く働きたい従業員が増えています。

一方で、AIに代表されるようにITは加速度的に進化し、身につけた知識やスキルはどんどんITに置き換わってしまいます。現在の若手従業員は、ITの進化に負けないように知識とスキルを磨き続けないと長く働けないということを感覚的に知っています。

状況と行動のマトリックス

状況の把握

既知　　　　　　　　　　　　　　　未知

行動の予測

予測可能

予測不能

| **変　動**
Volatile
市場や状況が急速に変化する
iPhoneの登場 | **複　雑**
Complex
複数の要素が絡み合う
気候変動問題 |
| **不確実**
Uncertain
予測が困難
COVID-19パンデミック | **曖　昧**
Ambiguous
正確な情報が欠け解釈が難しい
COVID-19 の初期情報 |

● Z世代の特徴

　今の若手社員を表す言葉に「Z世代」があります。明確な定義はありませんが、おおむね1990年代後半～2010年序盤に生まれた世代、つまり2025年現在の13～30歳前後の世代を指します。

Z世代が育った環境

- ・経済災害：バブル崩壊(1993年)、ITバブル崩壊(1999年)、リーマンショック(2008年)
- ・自然災害：阪神・淡路大震災(1995年)、東日本大震災(2011年)、
- ・SNS：Facebook(2004年)、Twitter(現X)(2006年)、iPhone(2007年)、LINE(2011年)

　つまり、Z世代は断続的な経済災害と自然災害の経験から、常に将来に対する不安を感じています。また、デジタルネイティブと呼ばれる通り、物心がついた頃からSNSで他人や社会とつながってきました。その結果、個人の成功よりも社会貢献を求め、外見的には穏やかで人当たりがいいものの、内面的には他人や社会に対して常に強い警戒心を持っています。

将来に強い不安を持つZ世代は、成功モデルのいないVUCAの時代を生き抜くために、早く成長することを最重要視しています。これは生存本能とも呼べるほど強いものであり、40代以降の部長職以上には理解できません。現代は、この強い感情をエンゲージメントにつなげることが必要とされているのです。

世代ごとの呼び方

世　代	生まれ
団塊世代	1947〜1949年
新人類世代	1956〜1964年
バブル世代	1965〜1970年
団塊ジュニア世代	1971〜1975年
ミレニアル世代	1983〜1995年
Ｚ世代	1996〜2012年

　それぞれの世代を名付けるのはその世代の人達ではなく、上の世代の人達です。つまり、どの世代に対しても上の世代からは「自分たちとは違う世代」と見られているのです。もちろん同じ世代だからといっても一人一人は違う特徴を持っています。一方で、社会環境等同じ影響を受けたことによる世代共通の特徴もあります。大切なことは世代をひとつの塊としてレッテルを貼ることではなく、一人一人を理解する為の手がかりとして世代の特徴を理解することです。

　あなたは何世代ですか？ 同じ世代の人は同じ特徴を持っていますか？

1-2

日本企業における
従業員エンゲージメントの実態

従業員エンゲージメントが注目されるようになったきっかけは、2017年にアメリカの調査会社ギャラップ社が日本企業のエンゲージメントが世界139か国中132位というショッキングな調査結果を発表したことでした。日本企業の従業員エンゲージメントの実態を数字で説明します。

日本の従業員のほとんどは会社とのつながりを感じていない

● 従業員エンゲージメントの国際比較

　2017年のギャラップ社の調査では、日本企業におけるハイエンゲージ（仕事に熱意を持つ）社員は6%でした。これは139か国中132位で、グローバル平均15%の半分以下、アメリカ31%の5分の1の低さです。直近の2022年度においても5%と、常に低いレベルに留まっています。一方で2022年のグローバル平均は23%であり、年々改善しています。低いレベルで改善しない日本と、右肩上がりで改善を続ける諸外国の平均の開きは年々大きくなっています。

従業員エンゲージメントの国際比較

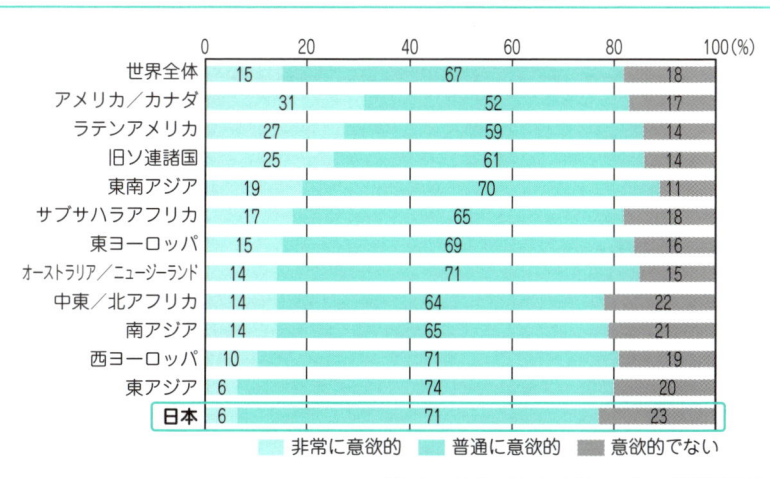

State of the Global Workplace2017:GALLUP

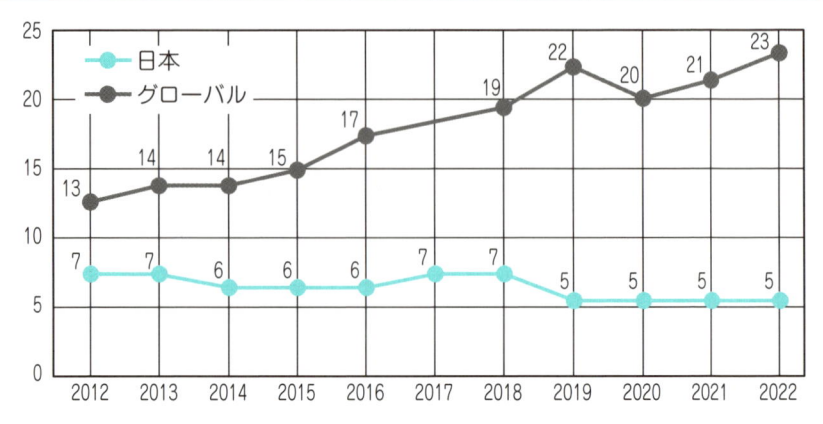

エンゲージしている従業員の割合

2023年版 ギャラップ職場の従業員意識調査：日本の職場の現状

● 日本企業の従業員エンゲージメントが低い理由

　日本企業の従業員エンゲージメントが低いのには理由があります。その理由は主に次の4つに分けられます。

1. 日本特有の労働文化

　日本企業の伝統的な労働文化は、終身雇用、年功序列といった仕組みが特徴です。これらにより従業員は長期的な視野で仕事に取り組む姿勢を持ち、高度成長時代には日本企業の強みを支えました。しかし、VUCAの時代に加え雇用が流動化している現代においては、仕事に対する働きがいや成長感を感じにくくする弊害の方が強くなっています。特に、年功序列が強い企業では、能力にかかわらず昇進や昇給が年次に基づいて行われるため、若手従業員のモチベーション低下につながっています。

2. 労働環境のストレス

　日本では、長時間労働が慢性化していることが問題となっており、これが従業員のエンゲージメントに悪影響を与えています。過度な労働負担やワークライフバランスの欠如により、従業員が仕事に対して熱意やエネルギーを失いがちです。また、職場でのストレスやプレッシャーが強いと、従業員が精神的な余裕を持てず、エンゲージメントが低下する要因となります。

3. フィードバックやコミュニケーションの不足

　日本企業におけるコミュニケーション文化の特徴として、上司からのフィードバックや従業員間のオープンなコミュニケーションが少ないことが挙げられます。従業員が自分の仕事に対して適切な評価や意見をもらえないと、自分の成長や貢献度が見えにくくなり、エンゲージメントが下がりやすくなります。また、上下関係を重視する文化のため、上司に対して自分の意見を積極的に言いにくいこともエンゲージメントの低下につながっています。

4. 仕事の自己決定権の少なさ

　日本企業においては、従業員自らが仕事の進め方や目標設定に対する自己決定権を持つ機会が少ないのが実態です。上からの指示に従って仕事を進めることが重視されるため、個人の自主性や創造性が発揮しにくい環境にあります。このような環境では、自分の役割に対する誇りややりがいを感じにくく、エンゲージメントの低下を招く要因のひとつになっています。

1-3

従業員エンゲージメントを高める目的は業績アップ

様々な調査で、従業員エンゲージメントと収益には相関関係があることが証明されています。私たちは日々の忙しさに忙殺されて、全ての企業活動は収益を上げることにつながっているという当たり前のことを忘れがちです。ここでは、従業員エンゲージメントが収益向上につながる仕組みを説明します。

ハイエンゲージ従業員が多い会社は、収益が高い

● 従業員エンゲージメントが収益に与える影響

　ギャラップ社が調査した結果では、エンゲージメント上位25%の会社は、下位25%の会社に比べ売上が20%高く、利益は21%高いことが判明しています。その理由は「離職率が低い」「企業文化の強化」であることから、「生産性の向上」「顧客満足度が高い」「イノベーションの促進」「効率的なコスト管理」という効果が生まれることが挙げられます。

エンゲージメントと経営指標の相関

エンゲージメント

上位25%

下位25%

アメリカの世論調査会社ギャラップ社が持つ
企業データベースのエンゲージメント
上位25%の会社は下位25%の会社より…

顧客満足度などの顧客指標は **10%高い**

生産性は **17%高い**
売　上　は **20%高い**
利　益　は **21%高い**

2023年Employee Engagement Strategies: Fixing the World's　September 11, 2023

・離職率の低下

　ハイエンゲージ従業員は自分の職場に対する満足度が高く、長く働き続ける意欲が高いという特徴があります。そのため、離職率が低くなり、採用や育成にかかるコストが削減されます。経験豊富な従業員が会社に留まることで、業務の効率化や知識の継承がスムーズに行われます。離職率の高い会社は退職者を補充する採用費用が掛かり、新たに入社した従業員に対する教育に時間を取られてしまいます。つまり、離職率が低下することは、コストだけでなく、生産性の向上にもマイナスの影響を与えるのです。

・企業文化の強化

　ハイエンゲージ従業員が多い会社では、ポジティブで協力的な企業文化が醸成されます。このような文化が根付くことで、従業員同士のチームワークやコミュニケーションが向上し、組織全体として一貫性のある高いパフォーマンスが実現します。結果として、会社の成長に直結し、収益が増加します。

・生産性の向上

　ハイエンゲージ従業員は、自発的に働き、仕事に対して高いモチベーションを持って取り組むため、日々の業務において高い生産性を発揮します。これにより、同じ時間でより多くの成果を出すことができ、会社全体の生産性を向上させます。

・顧客満足度が高い

　従業員のエンゲージメントが高い会社では、従業員が顧客対応に対しても熱意を持ち、質の高いサービスや製品を提供する傾向があります。顧客との良好な関係が築かれることで、顧客満足度が向上し、リピート客が増えることで売上を伸ばすことができます。

・イノベーションの促進

　ハイエンゲージ従業員は自社のポテンシャルに自信を持っています。そのため 、積極的に新しいアイデアを提案し、業務の改善や新しいビジネスチャンスを探します。これにより、会社は常に新しい市場や製品を開発すること

ができ、他社に対する競争優位を保ちます。このように永続的な成長に貢献します。

・効率的なコスト管理

　ハイエンゲージ従業員は、会社の経営目標に対する理解が深く、収益を高める意欲が強い傾向を持ちます。それが高いコスト意識につながり、無駄な経費を削減したり、効率的に資源を活用したりする傾向があります。これにより、利益率の向上にも寄与します。

　以上のように、ハイエンゲージ従業員が多い会社は、従業員の高いモチベーションをベースに会社全体のパフォーマンスが高まり、その結果として収益の向上につながるのです。

1-4

従業員の主体性が高まる

主体性の構成要素は「自由」「自主」「自律」の3つです。ハイエンゲージ従業員は、自ら考えて自主的に取り組みますが、それと同時に会社のルールも逸脱しません。

ハイエンゲージ従業員は会社の仕事を自分事として働く

● 主体性と自主性の違い

主体性と似た言葉に自主性という言葉があります。あなたはこの２つの言葉の違いを説明できますか？　スポーツでは自主練習という言葉があります。自主練習のメニューは誰が決めるのでしょうか？　それは指導者です。例えば野球部であれば素振り100回とか、サッカーであればリフティング50回とか、自主練で取り組む課題は決まっています。決まっている課題に積極的に取り組むことが「自主性」です。

仕事に置き換えて考えてみましょう。やらなければいけない仕事を指示されないと取り組まないのが指示待ち従業員、自ら進んで取り組むのが自主的従業員、何に取り組むべきか考えるのが主体的従業員です。何に取り組むかを考える時に必要なのが、その理由です。「〇〇だから、この課題に取り組む」、つまり自分なりの理由に沿って行動を選ぶ、これが「自由」です。その理由がしっかりしていればしっかりしているほど周囲を納得させ、理解してもらうことができます。どんなに本人なりにしっかりした理由でも、自分勝手な理由では周囲は納得してくれません。自分を律することが必要になります。これが「自律」です。自分勝手でない理由で選んだ行動を、自ら進んで取り組む従業員は「自立」しているように見えます。「自主」「自由」「自立」の3つがそろった従業員が、主体性が高い従業員なのです。

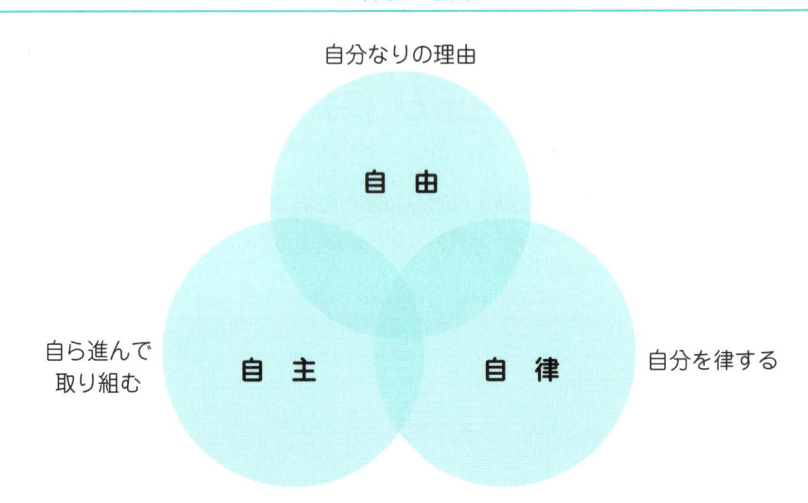

主体性の要素

自分なりの理由

自 由

自ら進んで
取り組む　　　**自 主**　　　**自 律**　　　自分を律する

● エンゲージメントと主体性の関係

　ハイエンゲージ従業員は、会社の利益を高めることを考えながら行動します。会社に対して好意的な感情を持っているハイエンゲージ従業員が、好きな会社に損をさせる行動を選ぶわけがありません。会社の利益を考えて行動するハイエンゲージ従業員は主体的に見えます。主体性を育ててエンゲージメントを高めるのではなく、エンゲージメントを高めることで主体性を育てることが、最短距離で会社の利益を高める方法なのです。「その選択は会社の利益につながるか」という判断基準で考えさせることが、エンゲージメントを高めることにつながります。

1-5

従業員が自発的に働く（パフォーマンスのアップ）

> ハイエンゲージ従業員は、企業理念を理解して信頼を寄せ、仕事への高いモチベーションを維持しています。そのため、熱意を持って仕事に取り組み、自発的に働くという良い循環が生まれます。

ハイエンゲージ従業員の働く理由

ハイエンゲージ従業員は仕事に対して強い責任感や意欲を持っているため、自発的に働きます。なぜそうした意識を持てるのでしょうか。その理由は以下の5つです。

・自発的に働く理由①　内発的動機付けが高い

ハイエンゲージ従業員は、外部からの指示や報酬だけでなく、仕事そのものに楽しさややりがいを見出します。仕事そのものに楽しさを見出す内発的動機付けは、信賞必罰という外発的動機付けよりもモチベーションを高め、またモチベーションを高いレベルで維持します。内発的動機付けにより高いモチベーションを維持するハイエンゲージ従業員は、自らの成長や達成感を求めて行動するため、指示を待たずに自発的に仕事に取り組む姿勢が強いのです。

・自発的に働く理由②　目標への強いコミットメント

ハイエンゲージ従業員は自分の役割や会社の目標に対して明確な理解を持っているため、チームや組織の成功を自分事として捉えます。そのため、他人に頼らず、目標達成に向けて積極的に行動を起こすことが多くなります。

・自発的に働く理由③　自主的な問題解決能力

ハイエンゲージ従業員は、問題が発生した際にそれを他人に解決してもらうのではなく、自分で解決策を考え、実行しようとします。この姿勢は、彼

らが責任感を持っていることと、自分のスキルや判断に自信を持っていることに起因しています。

・自発的に働く理由④　チームや周囲への貢献意識

　ハイエンゲージ従業員が持つ会社に対する高い貢献意識は、一緒に働く周囲の同僚にもポジティブな影響を与えます。誰かが困っている時や、プロジェクトが遅れている場合など、自分から手を差し伸べることが多く、結果として周囲のモチベーションも向上します。

・自発的に働く理由⑤　新しい機会を探し、挑戦する意欲

　ハイエンゲージ従業員は常に問題意識を持って仕事にあたります。現状に満足せず、新しいビジネスに挑戦したり、より良い方法を探したりする姿勢を持っています。そのため、仕事の効率化や改善提案など、自発的な行動が強く見られます。

　このように、ハイエンゲージ従業員は、外部からの指示を待つのではなく、自分主導で仕事に取り組み、組織全体にプラスの影響を与える傾向があります。

1-6

従業員が自己成長していく（将来の幹部候補やスペシャリストの育成）

ハイエンゲージ従業員は自ら進んで自己成長に取り組み、成長も早い傾向があります。将来の幹部候補やスペシャリストを育成するには、まずエンゲージメントを高めることに取り組むことが必須です。

ハイエンゲージ従業員は周囲にも好影響を与える

ハイエンゲージ従業員が持つ自己成長に対する積極的な姿勢は、本人の成長を早めるだけなく、周囲の模範（ロールモデル）ともなります。

・自己成長が早い理由①　高い自己モチベーション

　　ハイエンゲージ従業員は、仕事に強い意欲や情熱を持って取り組みます。自己モチベーションが高いため、与えられたタスクのみならず、自発的に学び成長を目指します。その結果、より早くスキルや知識を習得します。

・自己成長が早い理由②　積極的なフィードバックの受け入れ

　　ハイエンゲージ従業員は、自己肯定感が高いためフィードバックに対しても前向きで、改善を求める意識も強いです。自分の弱点を知り、それを改善する努力を続けることで、スピーディーに成長します。

・自己成長が早い理由③　問題解決能力の向上

　　ハイエンゲージ従業員は、仕事の問題や課題を積極的に解決しようとします。挑戦に対して前向きに取り組み、新たなスキルを得たり、困難を乗り越えたりすることで、成長の機会が増えます。

・自己成長が早い理由④　学びへの積極的な姿勢

　　ハイエンゲージ従業員は、常に学び続けたいという欲求を持っています。新しい知識や技術を取り入れるための研修やトレーニングに積極的に参加し、それを仕事に活かすことで、短期間で成長します。

・自己成長が早い理由⑤　責任や挑戦に対する意欲

　ハイエンゲージ従業員は自己効力感が高く、新しいプロジェクトや責任を積極的に引き受ける傾向があります。多くの責任を持つことで経験値が増え、その結果、迅速にスキルを向上させ、キャリアを進めることができます。

　このように、エンゲージメントの高さは従業員の成長スピードに直結し、自主性や向上心が大きな役割を果たしています。積極的に自己成長に取り組む姿勢は自身の成長を早めるだけでなく、ロールモデルにもなります。成長が早く、周囲の模範になるハイエンゲージ従業員は、幹部候補生やスペシャリストとして昇格も早まります。

【自己肯定感と自己効力感】

　自分の会社における存在価値に対する自信を「自己肯定感」、自分の仕事能力に対する自信を「自己効力感」と呼びます。自己肯定感が低い従業員は、会社における存在価値に自信がないため失敗により存在価値を失うことを恐れます。自分の存在価値に自信がある従業員は、失敗しても存在価値がなくならないと信じているため、挑戦意欲が高くなります。自己肯定感の高低を理解するために「心のコップ」に例えて考えてみましょう。心の状態をコップで表すと、心のコップが上を向いている人は自己肯定感が高く、下を向いている人は自己肯定感が低い人です。ハイエンゲージ従業員は自己肯定感が高く心のコップが上を向いているため、結果を自責で捉えて努力につなげます。結果的に成長スピードが速くなるのです。

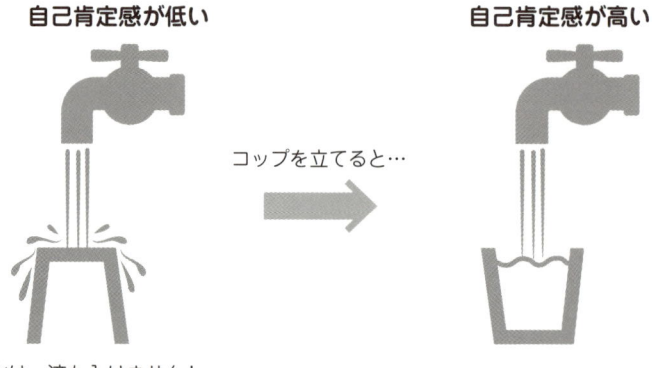

心のコップ

自己肯定感が低い　　　　　　　　　　**自己肯定感が高い**

コップを立てると…

水は一滴も入りません！

1-7

従業員エンゲージメントを高めるための管理職の役割

従業員エンゲージメントを高める要因は、全てマネジメント側がコントロールできます。つまり、管理職の努力で高めることができるのです。ハーバード・ビジネス・レビュー誌の調査で判明した従業員エンゲージメントを高める8つの要因は全てマネジメントの努力で改善できます。要因ごとに管理職の具体的な役割を見ていきます。

従業員エンゲージメントを高める要因と管理職の役割

1. **仕事の成果が承認されること**

   公式的な評価査定において正当に評価するだけではなく、日常的に評価を伝えることが大切です。

2. **全社戦略への貢献を理解していること**

   個人の成果が全社の戦略に貢献していると感じられるように説明することが大切です。

3. **戦略が明確であること**

   会社や部署の戦略をわかりやすく説明することが大切です。

4. **個人目標の内容に納得感があること**

   個人の目標を設定する際に、十分な時間をとって双方向の意見交換をすることが納得感につながります。

5. **個人目標が会社目標に紐付いていること**

   会社目標と紐付いた個人目標を設定することが大切です。

6. **適切な評価とフィードバックがあること**

   評価の内容が正当であることと同時に、振り返り（フィードバック）のタイミングと頻度が適当であることが大切です。

7. **会社の成長に基づいた適切な報酬があること**

   個人の報酬を決めることは管理職にはできません。会社の業績と個人の報酬の関連性を、納得感が持てるように説明することが大切です。

8. 会社の目標に紐付いた能力開発が行われていること

　会社が求める従業員能力に対して、個人の能力が開発できるような取り組みを一緒に作ることが大切です。

仕事の要素とエンゲージメント向上への影響度

要　素	影響度
1・仕事の成果の承認	72%
2・全社(戦略)への貢献を理解すること	70%
3・戦略が明確かつ理解していること	70%
4・目標の内容・納得感	69%
5・個人目標が会社目標に紐付いていること	67%
6・適切な評価とフィードバック	64%
7・会社の成長に基づいた適切な報酬	54%
8・会社の目標に紐付いた能力開発	52%

ハーバード・ビジネス・レビュー誌の調査結果

● タスクマネジメントとピープルマネジメントの両輪マネジメントの実践

　従来の昭和型マネジメントをやるべき仕事の内容にフォーカスした「タスクマネジメント型」とすれば、従業員エンゲージメントにフォーカスした現代の従業員マネジメントは「ピープルマネジメント型」と言えます。日本企業は古いタスクマネジメントだけに取り組み、ピープルマネジメントを置き去りにしてきました。言い換えると、現在の日本企業の業績はタスクマネジメントという片輪だけで達成しているのです。タスクマネジメントとピープルマネジメントは会社を成長させる両輪です。個人の会社に対するつながりや働きがいという気持ちにフォーカスしたピープルマネジメントの実践者は一般従業員に一番近い中間管理職の役割です。つまり、中間管理職がピープルマネジメントを実践することが、会社の成長につながるのです。

> ## マネジメントのイメージ
>
> **かつてのマネジメント**
>
> **ピープルマネジメント**
>
>

● 従業員のエンゲージメントを高めるキーマンは中間管理職

　序章でも書いた通り、従業員エンゲージメントを高めるキーマンは中間管理職、つまり課長層です。昭和世代と平成Z世代の「中間の世代」である課長層は働きがいを考えなくても駆け抜けられた昭和世代と、成長を働きがいの中心に置く平成世代の中間として、どちらの価値観も理解できる世代です。また、経営層と一般従業員の「立場の中間」にいる課長層は、会社の進むべき方向性を理解し、それを具体的な実務に落とし込んで業務を進めることが役割です。一般従業員と一緒に仕事をしている課長層の一般従業員に対する影響力は絶大です。上の世代の価値観と経営方針を理解し、部下に伝える役割を担う課長層がサーバントリーダーシップ＊を身につけて実践することこそが、会社全体の従業員エンゲージメントを高めることになるのです。

＊サーバントリーダーシップについてはp75で解説。

Googleのプロジェクトに学ぶ

今日よく聞かれる「心理的安全性」という言葉は、Googleが2012年に立ち上げた社内プロジェクトを通じてビジネス界で広まりました。従業員エンゲージメントを高める環境としての「心理的安全性」を理解するために、改めてGoogleのプロジェクトを振り返ります。

プロジェクト・オキシジェンとプロジェクト・アリストテレス

● プロジェクト・オキシジェン（Oxygen*）

Googleは2008年に社内の研究プロジェクトで、優れたマネージャー（管理職）の特性を解明しました。このプロジェクトは、Googleが「マネージャーの役割は本当に必要なのか？」という疑問を抱いたことからスタートしました。技術系の企業としてエンジニア文化が強いGoogleの、マネージャーの存在が組織にどれだけ貢献しているのかを評価したいという想いがその背景にありました。

● プロジェクト・オキシジェンによって発見された優れたマネージャーの特性

プロジェクト・オキシジェンでは、データ分析を通じて、優れたマネージャーには共通する特性や行動パターンがあることを特定しました。Googleが発見した「良いマネージャーの特性」は、以下のようなものでした。

1. 良いコーチであること

   マネージャーはただ指示を与えるだけではなく、メンバーの成長を促すコーチとしての役割を果たす。

2. チームメンバーに力を与え、自律性を尊重すること

   マイクロマネジメントを避け、メンバーに自主的に仕事を進める機会を与えることが重要。

---

*Oxygen：酸素。存在が当たり前すぎてありがたみがわかりにくい酸素になぞらえたところに、Googleの想いが表れている。

3. 結果を出し、意思決定において生産的であること

チームの成果を重視し、実行力を持ったリーダーシップを発揮する。

4. チームメンバーのキャリア発展に関心を持つこと

メンバーのキャリアやスキルの成長に真剣に向き合い、長期的な支援を提供する。

5. チームの目標や期待を明確にすること

目標を明確にし、チームの役割や責任をしっかりと定める。

6. 効果的なコミュニケーションとすること

チームメンバーとの定期的な1on1のミーティングやオープンな対話を通じて、効果的なコミュニケーションを図る。

7. チームの意見を重視し、意思決定を行うこと

メンバーの意見を尊重し、チームにインプットの機会を与えることが大切。

8. チームの仕事や生活のバランスを支援すること

メンバーのワークライフバランスを理解し、適切なサポートを提供する。

● プロジェクト・オキシジェンの影響

　このプロジェクトの結果、Googleはマネージャーの役割がチームの成功に大きく寄与していることを確認しました。また、Google以外の企業や組織でも「良いマネジメント」の指標として参考にされており、リーダーシップやマネジメントのベストプラクティスとして広く知られるようになりました。

● 「心理的安全性」の概念を生んだプロジェクト・アリストテレス（Aristotle）

　プロジェクト・オキシジェンによって優れたマネージャーの特性を明確化したGoogleは、続いて成果を上げるチームの特性を突き止めることに取り組みました。それが、2012年に開始されたプロジェクト・アリストテレスです。このプロジェクトは、様々なチームのパフォーマンスを分析し、どの要因が成功につながるかを調査しました。プロジェクトの名称は、古代ギリシャ哲学者アリストテレスの「全体は部分の総和以上である」という言葉に由来しています。つまり、「同じ人数で仕事をするなら、一人で出した成果を集めるより、チームで取り組んだ方が成果が高い」という考え方です。

● プロジェクト・アリストテレスによって判明した優れたチームの特性

Googleは、同じリソースやスキルを持っていても、チームによって成果に大きな違いが出ることに注目し、特に「成功するチーム」と「成功しないチーム」の違いを科学的に明らかにすることを目指しました。プロジェクト・アリストテレスでは、心理学、組織学、行動経済学などの知見を基に、Google内の約180のチームを対象にデータを集め、その分析を行いました。その結果、優れたチームは以下の5つの要素を持っていることがわかりました。

①心理的安全性（Psychological Safety）
　チームメンバーが自分の考えを自由に発言でき、ミスを恐れずにリスクをとれる環境があること。これが最も重要な要因とされました。
②信頼性（Dependability）
　チームメンバーが各自の責任を果たし、互いに信頼できること。
③明確な構造と明確な役割（Structure and Clarity）
　各メンバーが自分の役割やタスクを明確に理解し、目標がはっきりしていること。
④仕事の意味（Meaning of Work）
　個々のメンバーが、自分の仕事に対して個人的に意味を見出していること。
⑤仕事のインパクト（Impact of Work）
　自分の仕事が組織や社会に与える影響を理解し、貢献できていると感じられること。

● プロジェクト・アリストテレスの影響

プロジェクト・アリストテレスで特に注目されたのは「心理的安全性」の概念です。心理的安全性が高いチームでは、メンバーが批判を恐れずにアイデアを出し合い、失敗や異議を唱えることも許されるため、創造性やイノベーションが促進されることがわかりました。逆に、心理的安全性が低いチームでは、メンバーが意見を言うことを控えたり、リスクをとることを避けがちになったりし、結果としてパフォーマンスが低下する傾向があります。

プロジェクト・アリストテレスは、チームのパフォーマンスを向上させるための重要な要素を明らかにし、特に心理的安全性の重要性を強調しました。この研究は、

Google内だけでなく、世界中の企業や組織がチームの管理や組織文化の改善に活用しています。

● 心理的安全性を理解する

「心理的安全性」とは、ハーバードビ　ジネススクールで組織行動学を研究するエイミー・C・エドモンドソン教授により提唱された概念です。エドモンドソン教授が1999年に発表した論文では、「このチーム内では、対人関係のリスクをとったとしても安心できるという共通の思い」と、定義づけています。具体的には、「チームの誰もが、非難される不安を感じることなく、自分の考えや気持ちを率直に発言できる状態」を表していると言えます。

心理的安全性が高ければ、提案したアイデアや質問を受け止めてもらえると感じられ、気兼ねなく発言することができます。例えば、今までのやり方についての疑問や、新たなアイデアをオープンに話し合ったりできる組織は、心理的安全性が高いといえます。メンバー同士が互いを尊重し、ネガティブな指摘も含め何でも言い合え、共通の目的のために助け合えるのが、心理的安全性が高いチームの特徴です。

● 心理的安全性を損なう要因

エドモンドソン教授が提示する心理的安全性を損なう要因には、4つあります。

・無知だと思われる不安

　無知だと思われることを恐れると、必要なことでも質問せずに相談しなくなります。

・無能だと思われる不安

　無能だと思われることを恐れると、ミスを隠したり自分の考えを言わなくなります。

・邪魔をしていると思われる不安

　邪魔をしていると思われることを恐れると、必要な時に助けを求めず不十分な仕事でも妥協してしまいます。

・ネガティブだと思われる不安

　ネガティブだと思われることを恐れると、是々非々で議論をせずに率直な意

見を言わなくなります。

このような心理的安全性の低いチームでは、チームの成果を高めるために行動を起こしても罰を受けるかもしれないという不安心理が働き、メンバーは積極的な行動を起こさなくなります。

● 心理的安全性を高めるためのGoogleの取り組み

Googleでは、心理的安全性をたかめ上司部下の信頼関係をつくるために、1on1を活用しています。1on1は、メンバーとマネージャーが1対1で定期的に行う面談です。普段の業務を振り返りながら、仕事上の悩みやよかったこと、今後のキャリアなどについて対話をします。Googleでは2週間に1度の頻度で1on1を実施しており、目標とアクションの更新やキャリア開発やコーチング、目標を妨げる問題やそれに対して助けられることなどについて対話を行います。

上司は、部下たちが自分を素直にさらけ出し、感情的な衝突が起こさないように、1on1で繰り返し部下の話に耳を傾けることを大切にしています。さらに、部下の信念や価値観を1on1で引き出し、心理的安全性を高めたうえで、部下が大きく飛躍することを促します。

部下の信念や価値観に寄り添って目標を設定し、チームをひとつの目標に向かわせるために1on1を通して心理的安全性を築いています。

Googleの二つのプロジェクトによって明らかになった事実をシンプルに言うと、「コーチとしてメンバーに関わる優れたマネージャーが、心理的安全性の高いチームをつくれば、高い業績を上げる事ができる」ということです。

第 **2** 章

STEP 2【準備編】

伴走型コーチとしての
スキルを身につける

Googleのプロジェクト・アリストテレスによって、従業員エンゲージメントを高めるには課長層が「メンバーの成長を促す良いコーチであること」が必要だということが分かりました。メンバーの成長を促すコーチを「伴走型コーチ」と名付け、その役割を果たすために身につけるべきスキルを説明します。

2-1

管理職を伴走型コーチに変える

部下のエンゲージメントを高めるためには管理職である上司が伴走型コーチとして関わることが必要です。伴走型コーチは部下との関係性を高めることで、成長を促進します。

伴走型コーチは馬車になって部下を目的地に送り届ける

　コーチングという言葉の語源は、1500年代にハンガリー北部でつくられていた自家用四輪馬車の名称だと言われています。それがやがて「大切な人をその人が望む場所まで安全に送り届ける」という動詞の意味も持つようになりました。1840年代には、イギリス・オックスフォード大学で学生の個別指導をする家庭教師を「コーチ」と呼ぶようになりました。その後、ボート競技の指導者がコーチと呼ばれるようになり、スポーツ界で広く使われるようになりました。ビジネスの世界では、1950年代にアメリカ・ハーバード大学准教授マイルズ・メイスが著書『The Growth and Development of Executives』の中で、「マネジメントの中心は人間である。人間中心のマネジメントの中で、コーチングは重要なスキルである」と著したのが最初だと言われています。

●部下に対する4つの関わり方

　部下に対する関わり方には「コンサルタント」「トレーナー」「カウンセラー」「コーチ」の4つのタイプがあります。管理職は4つのタイプを適切に使い分けることが大事です。

　関わり方の4タイプには、それぞれ次の特徴があります。

　・コンサルタント：答えを教える
　　学校の先生のように課題の答えを教えます。

・トレーナー：やり方を教える

　　トレーナーの語源はトレイン（列車）です。課題を解決するための道筋を教えます。

・カウンセラー：話を聞く

　　相談者の話を聞くことで、起きている状況の認識を変えて自ら課題を解決する気持ちになることを促します。

・コーチ：質問する

　　質問を使って相談者本人に課題の解決方法を考えさせます。

●取り組む課題のゴール

　取り組む課題のゴールが「課題解決」なのか「成長」なのかによって、4タイプの選び方が変わります。日常的に会社で起きている課題は、解決することにフォーカスされます。問題を解決することがゴールになっているのです。伴走型コーチは、「問題を起こさなくなる」ことや、「問題を一人で解決できるようになる」ことをゴールにします。つまり、目の前の課題解決だけでなく、部下の成長にもフォーカスするのです。

●接し方とゴールで4タイプを使い分ける

　「答えややり方を教える接し方」と「自分で考えさせる接し方」、「課題解決がゴール」と「成長がゴール」。このマトリックスで4タイプを使い分けるのがコツです。

・コンサルタント：解決策を教えることで問題を解決させる。

・トレーナー：問題を一人で解決できるようになるために、不足している能力を身につけさせる。

・カウンセラー：話を聞くことで、問題を解決するモチベーションを高める。

・コーチ：様々な問いかけをすることで、問題を一人で解決できるようになるためには、どうしたらいいのかを本人に考えさせる。

伴走型コーチは部下の成長をゴールに、自分で考えさせ続ける関わり方をします。自分の成長に伴走し続けてくれる上司に、部下はエンゲージメントを感じます。課題のゴールと本人のスキルレベルによって4タイプを使い分けることが理想ですが、本章で取り上げる「傾聴」「承認」「質問」の3つのコーチングスキルは全てのタイプに共通して必要なスキルです。ぜひ伴走型コーチをベースに、適切に他の3タイプも使い分けられるようになることを目指してください。

4タイプの使い分け

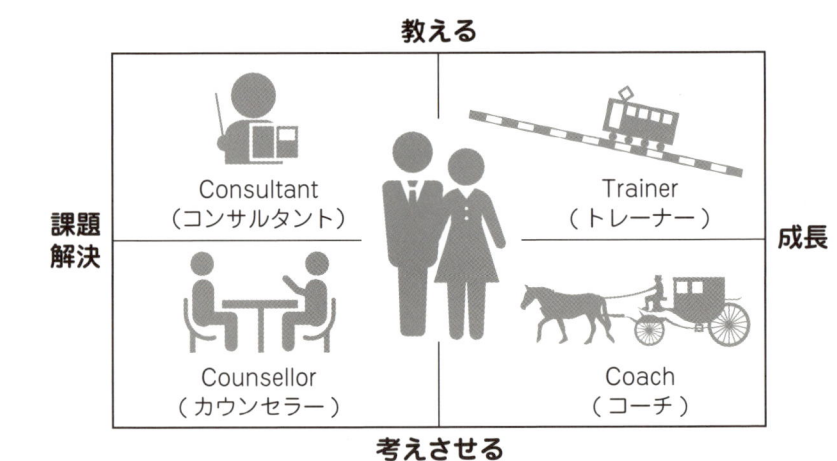

2-2

伴走型コーチの特徴

伴走型コーチは部下に対して「双方向のコミュニケーション」「個別対応」「ゴールまで一緒に走り続ける」という関わり方をします。

伴走型コーチは部下との関係性を大切にする

●関係性の重要性

　伴走型コーチは部下との関係性を何よりも大切にします。その関係性の良さをベースに部下を成長へと導きます。

　アメリカ・マサチューセッツ工科大学組織学習センター創始者のダニエル・キム教授は、「成功循環の輪」で個人や組織が成功を持続的に達成するための成長サイクルを説明しました。良い関係性にある上司からのアイデアは良い思考を生み、良い思考は良い行動を生み、良い行動は良い結果を生みます。良い結果は信頼を生み、更に関係性を良くします。言い換えると、関係性の悪い上司からの指導は良い結果につながらないということです。

　日本においてはPDCAという考え方が浸透していますが、良い関係性にある上司からのアイデアが良いPLANを生むという視点が欠けています。まずは、関係性を良くすることが成功・成長の基礎になるのです。

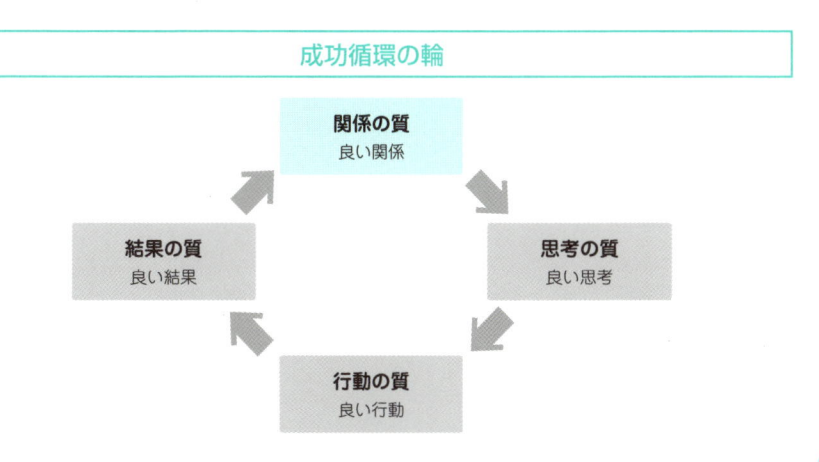

成功循環の輪

関係の質
良い関係

思考の質
良い思考

行動の質
良い行動

結果の質
良い結果

● 上司と部下とは提携関係

　伴走型コーチが目指す部下との関係は「提携関係」です。伴走型コーチは5つのSTEPで関係性を築いていきます。

1st STEP：安心・安全な関係→言動や存在を否定されない安心感がある関係

2nd STEP：親密な関係→何でも話せる関係

3rd STEP：信用関係→過去の実績から「これならやってくれる」と頼める関係

4th STEP：信頼関係→未来に対して「きっとここまでやってくれる」と期待して頼れる関係

LAST STEP：提携関係→共通の目的を達成するために、お互いの強みを持ち寄り、役割を分担し合える関係

企業間で言えば、

技術提携→お互いが持っている技術を持ち寄って、より良い製品をつくる関係

資本提携→お互いが持っている資本を持ち寄って、より良い資金運用をする関係

　つまり、上司はマネジメント役、部下は実行役と、お互いに役割が違うだけで目的は同じというのが、伴走型コーチが目指す提携関係です。その関係は上下ではなく、対等な関係です。

実行役とマネジメント役の責任と役割

提携
信頼
信用
親密
安心・安全

関係性を築く＝パフォーマンスを上げる土台

上司　　　　　部下

● マネジメントは管理ではなく「より良くする」こと

マネジメントという考え方はピーター・ドラッカーによって提唱されました。ドラッカーは「マネジメントがしっかりされていれば、人が共同して成果を上げることができ、自らの強みを用いて世の中に貢献できる」と述べています。

英語のManageには「管理」という意味がある一方で、「より良くする」という意味もあります。ドラッカーが言いたかった本来の意味を理解せず、マネジメントを単に「管理」と理解してしまったところに現在の悲劇はあります。伴走型コーチはより良い成果を上げることを目的に、管理という手段を使います。

● 関係性を高める伴走型コーチの姿勢

伴走型コーチは部下に対して、「双方向のコミュニケーション」「個別対応」「ゴールまで一緒に走り続ける」という姿勢で臨みます。

・双方向のコミュニケーション

伴走型コーチは一方的に話をしたり、指示をしたりしません。部下との会話を通じて双方向のコミュニケーションをとります。

・個別対応

世の中に同じ人間はいません。持っている能力も経験も知識も、育ってきた環境も違います。同じ教え方をしても同じ結果が出ないことを知っている伴走型コーチは、部下一人ひとりに合わせた個別対応をします。

・ゴールまで一緒に走り続ける

部下の成長をゴールにする伴走型コーチは、部下と一緒にゴールを描き、部下がゴールを達成するまで一緒に走り続けます。まさに伴走をするのです。

伴走型コーチになるための
３つのスキル

プロのコーチとして身につけるべきスキルはたくさんありますが、伴走型コーチとして部下のエンゲージメントを高めるためには「傾聴」「承認」「質問」の3つのスキルがあれば十分です。

伴走型コーチの目標は部下の成長

● 伴走型コーチに必須の３スキル

伴走型コーチの目標は部下の成長です。そしてそのために、関係性を高めることを何よりも大事にします。成長と関係性という２つの視点から、「傾聴」「承認」「質問」の3つのスキルの重要性を理解しましょう。

● 傾聴

人は自分の話を一生懸命聞いてくれる人に、信頼を寄せます。それは話を聞くことは「感情の理解」「共感」「相互理解」「自己開示の促進」という効果があるからです。自分の話を受け止めてくれる人に対して、「この人は自分を大切にしてくれている」「自分のことを理解してくれる」という「感情の理解」が生まれ、心を開きやすくなります。「共感」が伝わると、「この人は私の立場に寄り添ってくれている」と感じるようになります。「相互理解」が促進されると、誤解や対立が減り安心感が生まれます。話を聞いてくれる人には自分の内面を安全に開示できるようになり、「自己開示が促進」されます。自己開示は信頼関係の発展において非常に重要であり、お互いに本音で話せる関係性が築かれます。

● 承認

褒めて育てるという言葉がありますが、褒める＝評価です。評価者は自分の価値観に沿った行動をとった時に、褒めるのです。褒められることが続くと、人は褒められることが目的化して、知らず知らずのうちに評価者の価値観に合わせるようになり、自分の内側から湧いてくる内的モチベーションが下がるアンダーマイニン

グ効果に陥ります。承認は、相手の価値観を知り、その価値観に沿った行動や結果を認めることです。自分が大事にしている価値観に沿った努力や結果を他人が認めてくれた時に、その人に対する信頼感が生まれます。褒めることでやる気を引き出し、承認することでやる気を持続させることができるのです。

●質問

　質問の反対は指示です。指示を受けるということ自体が受け身ですから、指示を受けた部下は積極的に指示を実行することをしません。質問は相手に考えさせて、部下が選んだやり方を重要視します。自分が言い出したやり方ですから、部下は積極的に行動に移します。指示を受けてばかりいると、相手に対する依存が生まれます。

　これらの3つのスキルに共通するのは、「対等」という関係です。「傾聴」「承認」「質問」という3つのスキルにより、双方向のコミュニケーションが生まれ、信頼関係につながるのです。

傾聴のスキル①
アクティブリスニング

アクティブリスニングとは、積極的な姿勢で傾聴することです。相手の話を単に聞くだけでなく、深く理解し、共感を示しながら効果的に反応するリスニングスキルです。

伴走型コーチは積極的な姿勢で部下の話を傾聴する

● 傾聴の必要性

　そもそも人は他人の話を聞いていません。リーダーシップや自己啓発に関する多くの著作で有名なアメリカのグレン・ヴァン・エカレンは、「私たちは、言われたことの半分を耳にし、その半分を注意深く聞き、その半分を理解し、その半分を信じ、そしてその半分しか覚えていない」と言っています。つまり、私たちは他人の話の3%しか覚えていないのです。部下の話を3%しか覚えていないのでは、伴走型コーチとして有効なコミュニケーションはとれません。相手の話を聞き流さず注意深く聞く、それが「傾聴」の第一歩です。

人は他人の話を3%しか覚えていない

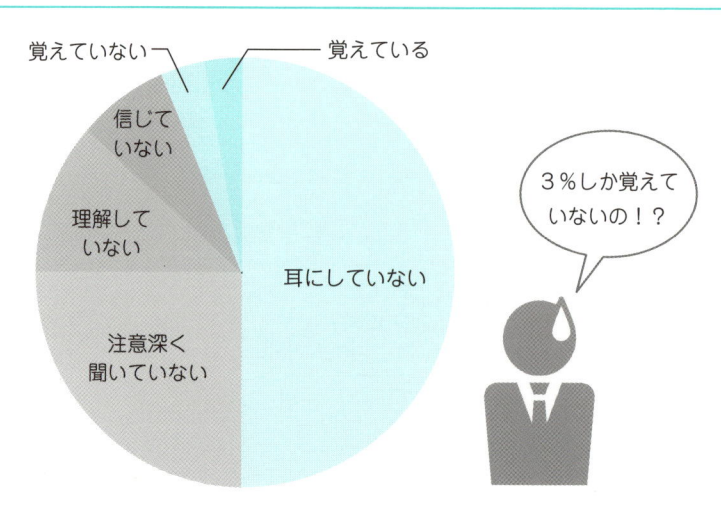

● 傾聴のスキル

「傾聴」というと「耳を傾ける」という静的なイメージが湧きます。単に耳を傾けるだけでなく、アクティブに聞く態度が、傾聴のレベルを上げることにつながります。

・相手を向いて目を見て聞く

　話している相手に対して完全に注意を向け、他のことに気をとられずに話を聞く姿勢を保ちます。相手の目を見て話を聞くことで「あなたの話をしっかりと聞いています」という姿勢を伝えます。

・聞いているというサインを送る

　うなずきやアイコンタクト、表情など、言葉を使わない態度を通して相手に「聞いている」というサインを送り、共感や理解を示します。これにより、話し手は「自分の話が伝わっている」という安心感を持つことができます。

・肯定的なあいづちを打つ

　相手の話に対して、うなずいたり、「そうですね」や「なるほど」といった肯定的なあいづちを打ちます。これによって、話し手は自分の話がちゃんと受け入れられていると感じます。

・要約して確認する

　話の内容を正しく理解するために、相手の話を要約したり、確認のための質問をします。例えば、「つまり、こういうことですか？」や「○○について、もう少し詳しく教えてもらえますか？」など、誤解を防ぐための確認を行うと効果的です。

・共感を示す

　相手の感情に寄り添い、共感を示すことで、信頼関係が深まります。「それは大変でしたね」といった感情に対する共感的なコメントを入れることで、相手は「自分の気持ちが理解されている」と感じやすくなります。この場合、感情に共感することが大切で、必ずしも話の内容に同意する必要はありませ

ん。共感と同意を区別して使い分けましょう。

・判断や評価をしない

　相手の話を聞いている間はすぐに判断や評価をしたり、アドバイスしたりすることを避けます。まずは相手の話を十分に理解し、途中で遮らずに話を聞き切ることが大切です。

　コミュニケーションは共感で促進され、評価で中断することを覚えておきましょう。

・沈黙を共有する

　会話は言葉と沈黙で構成されています。相手が沈黙している時間は、新しいアイデアや自分の気持ちと向き合っているのかもしれません。相手が黙ってしまうと、聞き手はとても不安になりますが、相手にとって必要な「間」として捉える視点が必要です。

● 傾聴力チェック

　あなたの傾聴力をチェックしてみましょう。毎回の傾聴場面ですべてを満たす必要はありませんが、ひとつでも多くチェックがつくように心がけてください。

傾聴力チェックシート

- ☐ 話をする時には話しやすい環境をセッティングするようにしている
- ☐ 話しかけられた時には完全に相手に注意を向けるようにしている
- ☐ 人が話している時に途中で口を挟んだり、自分が話したりすることはしないようにしている
- ☐ 話を聞いている時に相手の言葉以外のメッセージもキャッチするようにしている
- ☐ 相手が話している時、次に何を言おうか考えないようにしている
- ☐ 会話の最中に正しく理解できているかを相手に確認するようにしている
- ☐ 「うなずき」など、言葉以外にも自分が聞いているというメッセージを伝えるようにしている
- ☐ 沈黙も受け入れる。相手を急かさないようにしている
- ☐ 自分の聞きたいことだけでなく、相手が話したいことも聞くようにしている

● 4段階の傾聴レベル

傾聴には4つのレベルがあります。

- ・レベル1：相手の言っていることを聞いている
- ・レベル2：相手が言おうとしていることを聞き取っている
- ・レベル3：相手が言っていない（けど言いたい）ことを聞き取っている
- ・レベル4：相手が気づいていないことも聞き取っている

　傾聴のレベルを上げるには、相手が使う言葉はもちろん、表情や声の抑揚などの非言語部分にも注意して聞くことが必要です。よく使う言葉には何かこだわりが隠されているのかもしれません。表情や声の抑揚などには、感情が表れます。「○○という言葉にこだわりはありますか？」とか、「○○と言う時に辛そうに見えますがどんな感情ですか？」というように相手に確認してみましょう。

傾聴のレベル

言っていることを
聞いている

言おうとしていることを
聞いている

言ってないことを
聞いている

本人も気づいていないことを
聞けている

2-5
傾聴のスキル②
ペーシング

傾聴するには、相手に話してもらうことが必要です。ペーシングスキルを使うことで、話を促進することができます。

伴走型コーチはペーシングで部下の話を促進する

● ペーシングの3つのスキル

相手の話を促進するスキルが**ペーシング**です。ペーシングスキルを使うことで、話し手と聞き手の間に心理的な橋を架ける（**ラポール**）ことができ、話し手は自然にどんどん話をしてくれるようになります。ペーシングの3つのスキル「ペーシング」「**ミラーリング**」「**バックトラッキング**（オウム返し）」を具体的に説明します。

● 自分のことを話すのは心理恐怖をともなう

動物は身を守るために、初めて会った相手に警戒心を持ちます。人間にもその動物の本能が残っています。人間にとって他者は最良の味方であると同時に、最も危険な存在でもあるのです。それゆえに、相手が敵なのか味方なのかを判断する意識が常に働き、一度「敵」と判断した人に対しては、基本的に受け入れようとしなくなります。何の制約も持たずに気持ちよく自分のことを話してもらうためには、お互いの間に「味方」だという安心感を生み出すことが大切です。

● ペーシングの3つのスキル

安心感を醸成するペーシングスキル。

・ペーシング（話すスピードを合わせる）

　　ペーシングとは、相手の話し方や状態、呼吸などのペースを合わせることです。例えば、適切なタイミングであいづちを打つことは、話しやすいペースづくりに役立ちます。

・ミラーリング（話す形を合わせる）

　　ミラーリングとは、鏡写しのように相手のしぐさを真似するテクニックです。表情豊かに話す人には表情を豊かに、身振り手振りが多い人には身振り手振りを多く、相手の話し方に合わせて話をします。人は自分に似た相手に対して、無意識のうちに安心感や親近感を覚えます。

・バックトラッキング（オウム返し）

　　相手の言葉をオウム返しに繰り返すことによって、相手の潜在意識に親密感を持たせます。

例えば
話し手「昨日、楽しいことがあったんです」
聞き手「昨日、楽しいことがあったんですね。どんなことがあったんですか？」

　人は自分の言葉に置き換えて話をするクセがあり、よくこんな会話が起きてしまいます。
　話し手「昨日、楽しいことがあったんです」
　聞き手「どんないいことがあったんですか？」
　話し手「楽しくはあったけど、別にいいことではなかったです」

　これでは会話がスムーズに進みません。自分の言葉に置き換えずに、相手が使った言葉をそのまま使うようにすることで、スムーズな会話が促進されます。

OK行動

同じ色
同じ大きさ
同じ速さ
同じ重さ
同じ手触り

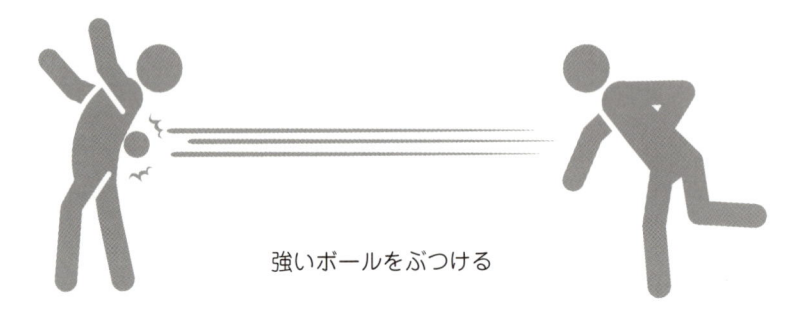

強いボールをぶつける

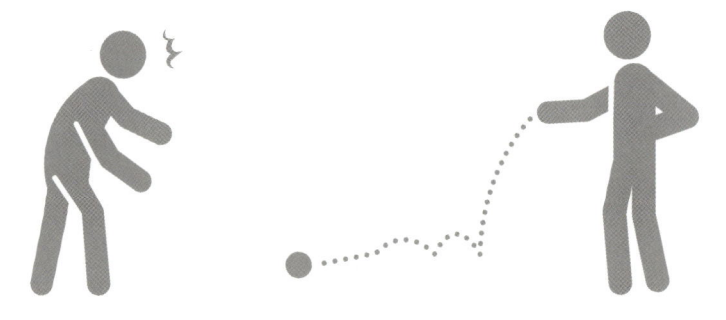

相手に届かない

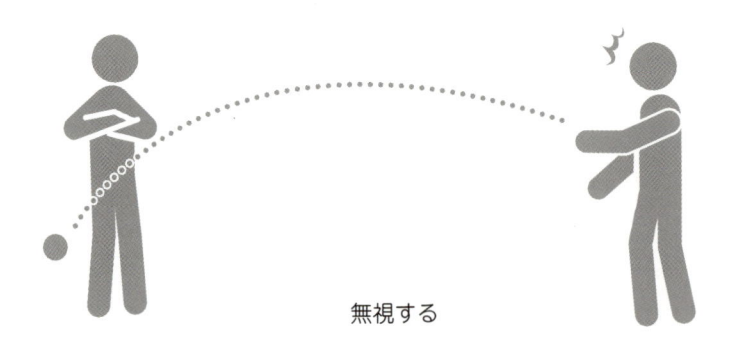

無視する

2-6
承認のスキル①
承認の３つの視点

「褒めて育てる」と言いますが、褒め続けると成長が止まってしまいます。成長を促すには部下の価値観を知り、承認することが大切です。

伴走型コーチは部下の価値観を承認する

● 承認の３つの視点

「承認」は部下の成長度合いに対する認知を促進し、自己成長を加速させることです。

「褒めて育てる」という言葉がある通り、褒めることは成長の取り組みのスタート時に起爆剤となります。しかし、褒め続けていると部下は上司に褒められようとするようになり、上司の評価ポイントに合わせるために指示を待つようになってしまいます。まずは「褒める」、そしてなるべく早く部下の価値観に合わせて「承認する」に切り替えることが大切です。

伴走型コーチは「存在承認」「成長承認」「成果承認」の3つの視点で承認を伝えます。承認は上司が好ましいと思った点を承認するのではありません。部下が何に取り組んでいるのかを理解し、部下の価値観に合う成果を上げた時に承認するのがポイントです。

・**存在承認**

相手の存在に気づいていることを伝えます。

（例）挨拶をする、お礼を言う、目線を合わせて相手を見る、約束の時間を守る、成功談を聞く、誕生日を覚えている、部下が前に言ったことを覚えている、部下の陰の努力に気がついていることを伝える（「情報収集を頑張っているね」）

- ・成長承認

  部下の成長点に気がついていることを伝えます。

  (例)「目を見て話すようになったね」「結論から話すようになったね」「相手にたくさん質問をするようになったね」

- ・成果承認

  部下が成果を上げたことに気がついていることを伝えます。

  (例)「最後までやりきったね」「初めて目標を達成したね」「君のあの時の行動がチームの目標達成に貢献したね」

承認の3段階

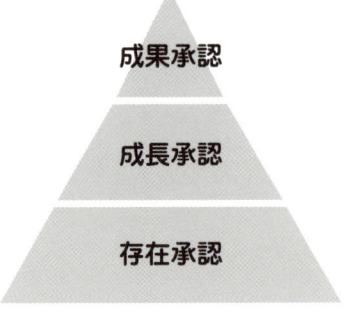

〈存在承認チェック〉

少子化が社会的課題になっています。少子化は二つの傾向を持っています。1つは子供がいる家庭が減っていること、そしてもう一つは兄弟の数が減っていること、つまり一人っ子が増えていることです。弟や妹に親の愛情を取られることがない一人っ子は、成長の過程で長身（時には祖父母の）承認を受け続けます。まるで酸素の様に承認を受け続けた一人っ子は、社会に出て大勢の中の一人になった瞬間に承認欠乏症になります。承認欲求を自覚することなく、承認欠乏症に陥ってしまい、強い孤立感を感じます。Z世代の若者には、意図的に積極的に存在承認をすることが必要です。

存在承認チェックリスト

	行　　動	チェック
1	挨拶の時に部下の名前を呼んでいる	
2	部下の誕生日を知っている（＋知っていることを部下に伝えている）	
3	話をする時は部下の顔も見て話している	
4	部下との約束を守っている	
5	部下の趣味や興味などを知っている（＋知っていることを部下に伝えている）	
6	部下の家族のことを知っている（＋知っていることを部下に伝えている）	
7	部下が前に話したことを覚えている（＋知っていることを部下に伝えている）	
8	お礼を伝える	
9	部下が今取り組んでいることを知っている（＋知っていることを部下に伝えている）	
10	部下の自慢話を聞いてあげている	

● 承認の注意点

　とってつけたようにテクニックとして「承認」を使わないようにしましょう。何も感じないし、何も起こっていないなら「承認」はしなくていいです。「承認」する時には具体的な事実や効果を伝えましょう。

悪い例

上司：「いつも頑張っているね」

部下：「なんでそう思うんですか？」

上司：「そりゃ、いつも見てればわかるよ」（しどろもどろ）

良い例

上司：「昨日は集中して仕事に取り組んでいたね、頑張りが伝わるよ」（存在承認）

部下：「取引先から急ぎの仕事を頼まれたんです」

上司：「急ぎの仕事を頼まれるのは頼りにされている証拠だね」（成長承認）

承認のスキル②
承認の伝え方

承認を伝える時には、相手が受け取りやすいように伝えることが大切です。相手のタイプと場面に合わせて伝え方を変えることも重要です。

伴走型コーチは承認の伝え方を工夫する

● 承認を伝える3つのスタンス

承認を伝える時には伝えるスタンスと、伝える場づくりが大事です。承認を伝える時には「Youメッセージ」「Iメッセージ」「Weメッセージ」の3つのスタンスを使い分けることが大事です。

3種のメッセージ

3つのスタンス	例	効　果
Y の メッセージ	あなたは○○だね	日常的に最もよく使われるメッセージ。 （評価にならないように注意）
Iのメッセージ	あなたが○○をしたことは、私にこんな影響を与えている	自分によっての事実をそのまま伝えるので、相手がYou の立場よりも受け取りやすい
We の メッセージ	あなたが○○をしたことは私たちにとって、こんな影響を与えている	相手との距離をぐっと近づける高度なメッセージ

3つのメッセージはどれが良い悪いはありませんが、事実を伝える「Youメッセージ」よりも、他者への影響を確認できる「Iメッセージ」「Weメッセージ」の方が、存在承認につながります。もちろん、ストレートな事実を伝える「Youメッセージ」を好む部下もいますが日本人は自分の感情を表現することが苦手で「Youメッセージ」が多い傾向があります。ぜひ「Iメッセージ」に挑戦することを優先しながら、3つのメッセージを使ってみて、それぞれの部下に合ったメッセージを探してください。

● 承認を伝える場づくり

スポーツでは「ホーム＆アウェイ」という言葉がありますが、会社でも同じです。承認を伝える時には相手のホームで伝えるようにしましょう。例えば、あなたは部下に用事がある時に部下の机に行きますか？　それとも自分の机に呼びますか？上司の机というアウェイに呼ばれるということは、それだけで緊張するものです。部下の机に行って話をすることを心がけましょう。

　話をする時の部下との位置関係も大切なポイントです。正面に向かい合って座ると緊張するものです。正面ではなく、少し斜めにずらして座りましょう。また、共同作業の関係になり話が促進される「横に座る」もお勧めです。特にこの後に取り上げる1on1セッションにおいては、隣に座ることで課題に対する解決策を一緒に考える雰囲気を作ることができます。ぜひ部下の隣に並んで座ってみてください。

質問のスキル①
オープンクエスチョンとクローズド
クエスチョンの使い分け

伴走型コーチの質問は、相手に考えさせることが目的です。オープンクエスチョンで考えさせて、クローズドクエスチョンで確認します。

伴走型コーチは質問で部下に考えさせる

● 質問の目的

　伴走型コーチは部下の主体性を引き出して成長を促進します。部下の内にある、本人も気づいていないかもしれない能力や可能性を引き出すために質問をします。伴走型コーチは、部下の考えを深め、自己理解を促進し、目標達成に向けた行動をサポートするために質問というテクニックを使います。日常の質問は「自分が知りたいことを知る」ために質問しますが、伴走型コーチは「相手に考えさせる」ために質問をします。つまり、自分のための質問ではなく、相手のための質問なのです。

〈質問の目的〉

①自己発見を促す

　質問を通じて、部下の価値観や目標、強みや弱みをより明確に理解できるようにします。これにより、部下は自分の行動や選択が周囲、あるいは結果にどのように影響を与えるかを再認識します。

②視野を広げる

　部下が思い込みや固定観念にとらわれて視野が狭くなっている場合、質問によって新しい視点を提供し、異なる角度から問題や課題を捉える手助けをします。よく「視野を広くして」と部下に要求する上司を見かけますが、直接的に視野を広くすることはできません。例えば「コストは？」とか「お客様のニーズは？」などと部下が見えていないと思われる視野の外にある視点を具体的に示して、「これは見えている？」と質問することで視野が広がります。視野を広くすることにより、新しい解決策やアプローチを発見できる可能性

視野を広くすることにより、新しい解決策やアプローチを発見できる可能性が高まります。

③行動の選択肢を増やす

質問によって部下に具体的な行動や次のステップを考えさせることで、実行可能なプランの構築をサポートします。

● オープンクエスチョンとクローズドクエスチョン

部下に考えさせるためにはイエス・ノーで答えるクローズドクエスチョンよりも、自由に答えさせるオープンクエスチョンの方が有効です。クローズドクエスチョンにも有効な場面がありますが、部下に考えさせるためにオープンクエスチョンを使うことを優先しましょう。

2種類のクエスチョン

	オープン・クエスチョン	クローズド・クエスチョン
答え方	相手に自由に答えさせる質問	答えを YES/NO で答えさせる質問
有効な場面	・相手に考えさせる ・気づきを促進する ・約束を引き出す	・事実を明確にする ・答えを早く出す ・約束を確認する
注意点	・時間が掛かる場合がある	・相手が責められていると感じる場合がある ・思考に広がりがない

● 質問の視点

質問を考える時の視点は、こだわりの良し悪しです。能力を引き上げる原動力になっている「良いこだわり」は、質問によって認めてあげて活用することを考えます。能力を発揮することを邪魔している「悪いこだわり」は、質問によって取り除くことを考えます。悪いこだわりを見分けるひとつの方法は「べき」に注目することです。「べき」は固定観念を表すことが多く、能力を発揮する可能性を阻害していることが多いです。「べき」という固定観念を取り除くことで、能力発揮の可能性を広げます。

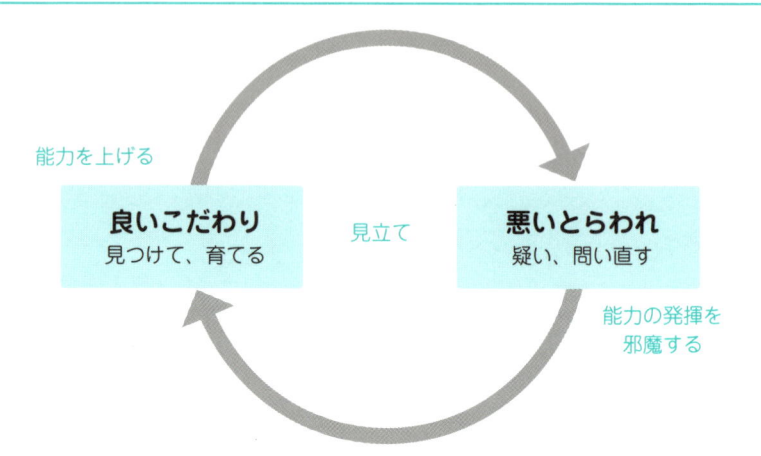

質問の視点を変える効果

能力を上げる

良いこだわり
見つけて、育てる

見立て

悪いとらわれ
疑い、問い直す

能力の発揮を
邪魔する

2-9
質問のスキル②
オープンクエスチョンのつくり方

オープンクエスチョンは慣れるまで難しく感じます。クローズドクエスチョンをオープンクエスチョンに変えるコツは5W1Hです。

伴走型コーチは5W1Hでオープンクエスチョンをつくり出す

● クローズドクエスチョンをオープンクエスチョンに変える5W1H

　私たちはクローズドクエスチョンしか使ったことがないし、使われたこともありません。経験がないものは使えないので、オープンクエスチョンを使うためには具体的なノウハウが必要です。オープンクエスチョンをつくるコツは5W1Hで質問することです。

　5W1Hという言葉を聞いたことがありますか？　通常は物事を整理したり分析したりするフレームワークとして使われるので、みなさんも聞いたことがあると思います。オープンクエスチョンのコツは、クローズドクエスチョンに「5W1H」をつけることです。

5W 1Hを意識する

5W1H

When	Where	Who	What	Why	How
いつ	どこで	誰	何	なぜ	どうやって

例えば、「取引先とはうまくいっている?」という質問の答えは、ハイかイイエです。つまりこの質問はクローズドクエスチョンです。この質問に5W1Hをつけるとどうなるでしょう。

「いつ、うまくいっていると感じたの?」

「どこで、うまくいっていると感じたの?」

「誰と、うまくいっていると感じたの?」

「うまくいくには何が必要なの?」

「なぜ、うまくいっていると感じたの?」

「どうやって、うまくいくようになったの?」

　このように質問されると、「うまくいっているってどういう状態なんだろう?」という疑問が浮かんできます。「うまくいっている?」というクローズドクエスチョンよりも思考が広がります。

● 違う5W1Hが返ってきても受け入れる

　実際に5W1Hを使うと、質問と違う5W1Hが返ってくることがあります。

上司「いつうまくいっていると感じたの?」

部下「取引先の急ぎの依頼に応えているからだと思います」

　仕事でこのようなことが起きると、つい「質問に答えろ!」と言いたくなりますが、成長を目的とするコーチングの場ではOKなのです。部下の思考の中では、「いつうまくいっていると感じたのか?」を考えているうちに、急ぎの依頼に応えてお礼を言われた時のことを思い出したのかもしれません。思考を深めるのがコーチングの目的ですから、部下の答えが自分の質問と違っていても問題にしてはいけません。部下の答えに乗っかった方が、部下の思考が広がります。

　このようなケースで答えに乗っかって、「どんな依頼だったの?」と更に質問を広げていきましょう。

2-10

質問のスキル③
「なぜ」の使い方

オープンクエスチョンの中でも、「なぜ」は相手が責められていると感じるので使っては
いけません。「なぜ」を使いたくなったら「何」を使いましょう。

伴走コーチは「なぜ」は使わない

● なぜは使わない

　5W1Hの中でも「なぜ（Why）？」は、使い方に注意が必要です。それは「なぜ？」
は一見オープンクエスチョンの形をとりながらも、日常的に相手を詰問するクロー
ズドクエスチョンとして使われることが多いからです。質問の形をとっていますが、
本音では責任を迫る目的で使われることが多いのです。

　会社で日常的に使われるクローズドクエスチョン的「なぜ」の例を挙げてみまし
た。

クローズドクエスチョンの「なぜ」の言い換え

クローズドクエスチョン	オープンクエスチョン
なぜ、結果が出ないんだ？	結果が出ないのは何が障害だと思う？
なぜ、今まで放置していたんだ？	これから何ができると思う？
なぜ、私に相談しなかったんだ？	私に手伝えることは何かある？

　このように質問されたら何と答えますか？「なぜ、私に相談しなかったんだ？」
と質問されて、「相談しにくかったからです」と答えようものならたちまち上司を
怒らせてしまいます。上司は相談しなかった理由を知りたいのではなく、相談しな
かったことを責めているのです。

　相談しなかった理由が知りたいのであれば、「私に手伝えることは何がある？」
と質問してみましょう。きっとその答えの中に、部下が相談したいと思っていたこ
とが含まれているはずです。「なぜ」で「過去」を質問すると、詰問されているよ

うに感じます。そんな時は「何」で「未来」を質問するのがコツです。「なぜ」で過去を質問すると、詰問されているように感じます。そんな時は「何」で「未来」を質問するのがコツです。前項で「なぜ（Why）？」を使ったオープンクエスチョンの例として「なぜ、うまくいっていると感じたの？」を挙げました。この質問も「うまくいっていると感じている君の認識は間違っている」という否定的な意味で伝わる可能性があります。うまくいっているという認識を認めたうえで、うまくいっている理由を知りたいのであれば、「うまくいっていると感じた理由は何なの？」と「何」を使った方が本来の意図が伝わりやすくなります。

● なぜを使っていい場面

　「なぜ？」は当事者に向けて使うと詰問になりますが、直接関係のない第三者をテーマに一緒に深く洞察したり視点を広げたりする時には、とても有効に本来のオープンクエスチョンとして機能します。

×　君はなぜあんなことをしたの？

○　彼はなぜあんなことをしたんだろう？

上級スキルになりますが、問題を起こした時の自分を別人扱いすると、「なぜ」が有効になります。

○　あの時の君は、なぜあんなことをしたんだろう？

「あの時の君」は、今の君とは違う人間という使い方です。

質問のスキル④
視点と視座の使い分け

相手の視野を広げるために、視野の外にある視点を質問で指摘します。いろいろな立場で考えてもらいたい時には、質問で視座を変えさせます。

伴走型コーチは質問で相手の視野を広げる

● 視野と視点の関係

　質問の目的は部下の思考を広げることです。思考（視野）を広げるためのヒントとして、質問を使って視野の外の視点を意識させたり、見ている場所（視座）を変えさせたりします。

　よく「視野を広げろ」と言われますが、意識的に視野を広げることは難しいです。それでは、視野を広げるにはどうしたらいいのでしょうか。それは視野の外に視点を置くことです。視野に入らずに見えていないと思えることを、「これは見えている？」と質問で意識させることで、その視点まで視野が広がります。人は与えられた答えより、質問の方が強く印象に残ります。これを心理学ではフックと呼びます。質問に対して「知りたい」という欲求が湧き、自ら考えた答えがいつまでも記憶に残るのです。

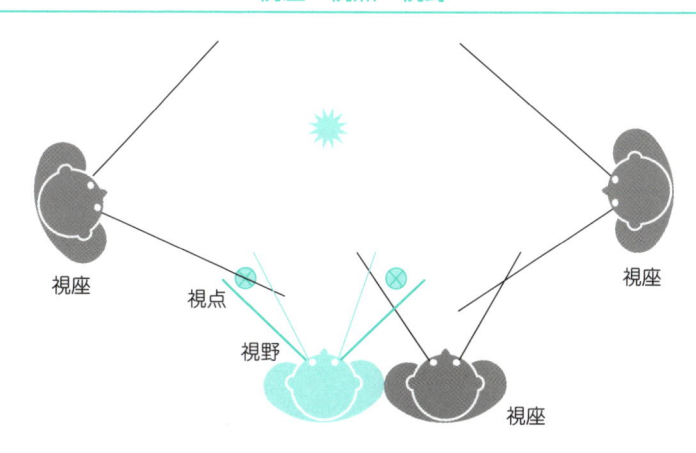

視座・視点・視野

視座　　視点　　視野　　視座　　視座

例えば、新規商品の開発を担当している部下が、アイデアに行き詰まっていると します。上司から見ると競合他社の商品の強みとの比較という視点が抜けている ように感じられます。そんな時に「競合他社の商品の強みを調べなさい」と指示 するよりも、「競合他社の商品の強みは何なの？」と質問した方が印象に残ります。

● 視座を使って視野を広げる

もうひとつ覚えておきたいのが、「視座」の使い方です。違う立場から見ることで、 視野が広がります。この「違う立場」が視座を変えるということです。先ほどの例 で言うと、「お客さんは何を求めているの？」とか、「競合他社は当社のどんな技術 を恐れているの？」というように、違う立場から見させる＝視座をずらすことで視 野を広げることになります。視座はずらすだけでなく、高さを変えることもできま す。例えば、「後輩から見たら」とか、「部長から見たら」「社長から見たら」とい う使い方です。もちろん、担当者に部長や社長の考えはわからないかもしれません。 答えが間違っていてもいいのです。部長や社長の立場になって考えることが視野 を広げるために大事なのです。質問で意識した「視座」はいつまでも頭に残ります。 他のテーマに関しても、「部長はどう考えるんだろう？」と質問が頭に浮かぶこと でしょう。

2-12

サーバントリーダーの10の特性に学ぶ

アメリカで生まれたサーバントリーダーシップは、伴走型コーチとの共通点がたくさんあります。サーバントリーダーシップを理解し実践することが、伴走型コーチの具体的な行動指針になります。

伴走型コーチはサーバントリーダーシップで部下に関わる

サーバントリーダーシップを実践する経営者が増えています。従業員エンゲージメントを高めるためのマネジメントスタイルとしてのサーバントリーダーシップを説明します。

● サーバントリーダーシップとは部下の課題達成をサポートすること

サーバントリーダーシップは、ロバート・グリーンリーフが1970年に提唱した「リーダーである人は、まず相手に奉仕し、その後相手を導くものである」というリーダーシップ哲学です。近年、日本でもサーバントリーダーシップを実行する経営者が増えてきました。その代表がユニクロ（ファーストリテイリング）の柳井正会長です。柳井会長はサーバントリーダーシップに共感し、社内の全社員参加会議の中で「社員全員と経営者全員に『サーバントリーダー』になってもらいたい」と発言しています。

1970年代に提唱された後、長い間評価されてきたとは言い難いサーバントリーダーシップが近年見直されているのは、現代の経営環境が従来のトップダウン型では対応しきれないからです。お客様のニーズが多様化しているVUCAの時代において、過去の成功体験は通用しません。奉仕や支援を通じて、周囲から信頼を得て、主体的に協力してもらえる状況をつくり出すことが必要です。

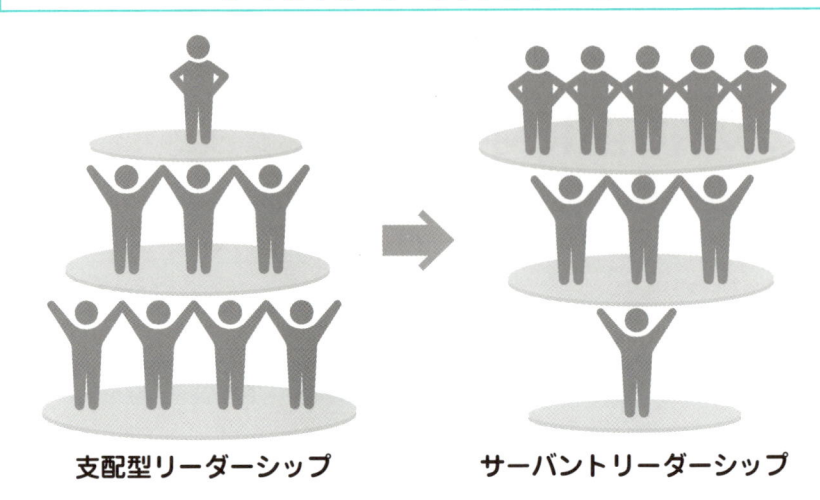

支配型リーダーシップ **サーバントリーダーシップ**

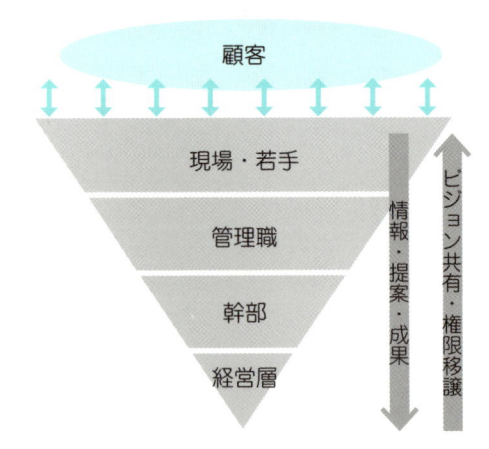

支配的リーダーとサーバントリーダーに従うメンバーの行動比較

支配的リーダーに従うメンバーの行動	サーバントリーダーに従うメンバーの行動
主に恐れや義務感で行動する	主にやりたい気持ちで行動する
主に言われてから行動する	主に言われる前に行動する
言われた通りにしようとする	工夫できるところは工夫しようとする
リーダーの機嫌をうかがう	やるべきことに集中する
役割や指示内容だけに集中する	リーダーの示すビジョンを意識する
リーダーに従っている感覚を持つ	リーダーと一緒に活動している感覚を持つ
リーダーをあまり信頼しない	リーダーを信頼する
自己中心的な姿勢を身につけやすい	周囲のに役に立とうとする姿勢を身につけやすい

● サーバントリーダーが身に付けるべき10の特性

　具体的にサーバントリーダーシップを実行するために、サーバントリーダーの10の特性について見てみましょう。あなたはいくつの項目に自信がありますか？逆に自信がない項目はいくつありましたか？　そして、それは周囲の評価と一致していますか？　ぜひ、周囲のフィードバックを受けてください。

　提唱者のロバート・グリーンリーフは「サーバントの資質がある者の中からリーダーを選ぶべきだ」と言いましたが、必ずしも全ての資質を備えている必要はありません。「10の特性」を参考に、足りない部分を補っていくことで、誰でもサーバントリーダーになれます。特に自己成長に対する意欲が高いハイエンゲージ従業員は、「10の特性」という目標があることで成長の方向性が定まり、更に成長が促進されることでしょう。

　組織行動学の権威であるマサチューセッツ工科大学の心理学者エドガー・シャインは、「リーダーや管理職は、単に方針を実行するだけでなく、それを解釈し、模範となり、日々の行動に価値観を組み込むことが求められる」と言っています。サーバントリーダーの10の特性を指針とすることで、シャインが唱えるリーダーや管理職の役割を果たすことができます。

サーバントリーダーに必須な10の特性

1. **傾聴** 相手が望んでいることを聞き、どうすれば役に立てるかを考える
2. **共感** 相手の立場に立って、気持ちを理解する
3. **癒し** 相手の心の傷を癒し、本来の力を取り戻させる
4. **気づき** 鋭敏な知覚を使って、物事をありのままに見る
5. **納得** 権限を使って服従を強要しない。相手の納得を促す
6. **概念化** 大きな夢を持ち、それを相手に伝えることができる
7. **先見力・予知力** 現在と過去の出来事を照らし合わせ、将来を予測できる
8. **執事役** 自分の利益よりも、相手の利益を考えて行動できる
9. **人々の成長に関わる** 仲間の成長を促すことに深く関わっている
10. **コミュニティー作り** 人々が大きく成長できるコミュニティーを作る

第 3 章

STEP 3【実践編】
組織のパーパスをつくる

エンゲージメントという言葉は、個人と会社のつながり
を表します。人は同じ価値観を持った人に共感します。
個人が会社に共感するためには、会社の価値観を知る必
要があります。それがパーパスです。会社が従業員個人
とつながるためには、自社＆組織のパーパスを明文化す
る必要があります。

パーパスの定義を理解する

ミッション、ビジョン、バリューを掲げる企業は多いですが、パーパスを掲げる企業はまだ多くありません。外発的ニーズのミッションより、内発的ニーズのパーパスの方が、達成する意欲が強まります。

ワクワクする未来＝パーパス、社会的使命＝ミッション

●経営書『パーパス経営』からパーパスを理解する

パーパス（purpose）をそのまま訳すと「目的」という言葉になりますが、ビジネス的に使う場合は「存在意義」を指します。不確実性の高いVUCAの時代には、企業も組織も「何を実現するために存在しているのか」という目的を置くことが必要なのです。

パーパスという言葉がビジネスで使われるようになったのは、2021年に出版された『パーパス経営』(名和高司著・東洋経済新報社)という一冊の本がきっかけです。著者の名和高志氏は「本当は志経営というタイトルにしたかった」と仰っていますが、「30年先の視点から現在を捉える」と副題にある通り、未来に達成したい社会を実現するための企業の志という想いを込めたタイトルが経営者に刺さったのだと思います。

また、「世界は資本主義から志本主義へ」という帯の言葉に表される通り、収益を最大化することを目的とした欧米型経営が行き詰まり、志を資本（エネルギー源）として経営戦略を立てる本来の日本的経営が求められる時代に来たと言えると思います。

●パーパスとミッションの違い

企業が存在する根本的な「意義」や「目的」であるパーパスは、社会やステークホルダーに対してどのような価値を提供し、どのような貢献を果たすのかを示します。パーパスは企業のビジネス活動が社会や環境に対してどのような影響を与

えるのか、どのように良い方向に導こうとしているのかという視点が強調されます。パーパスは、企業の「存在意義」に焦点を当てる概念であり、利益を追求するだけでなく、社会的・環境的な意義や長期的な価値創造を目指すのが特徴です。

　ミッションも企業の「目的」を示すものですが、ミッションとパーパスにはいくつかの違いがあります。

パーパスとミッションの違い

パーパス	ミッション
企業の存在意義 社会全体に対して、企業が存在する理由を示す。より大きな視点から、企業が社会や世界にどのように貢献するのかが焦点。	企業の役割 具体的に何を達成するために事業を行うのか、どのような方法で社会に価値を提供するのかという「活動の目的」を示す。
持続的で広範な視野 企業が存在する限り続く、より普遍的な使命。社会的な課題解決や持続可能性への貢献などを含む。	短期～中期的視点も含む 比較的具体的で、会社が現時点で果たすべき使命や役割を明確に示すことが多い。
「なぜ」 企業が「なぜ存在するのか」を深く問いかける。社会的な意義を強調。	「何を」 企業が「何をするのか」、どのような商品やサービスを提供するかに重点がある。

　つまり、パーパスは未来、ミッションは現在を起点に考えている点が最大の違いです。

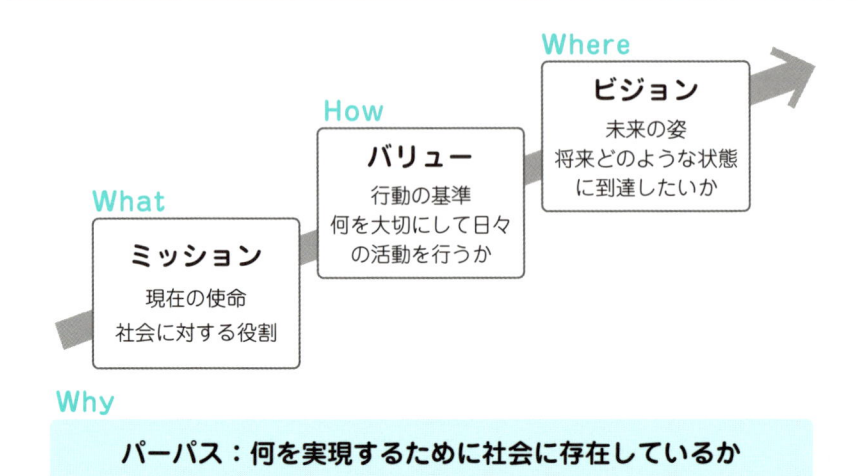

パーパスの向かうイメージ

Why

パーパス：何を実現するために社会に存在しているか

● パーパスはモチベーションにつながる

パーパス経営を実践している企業に共通の特徴は、「ワクワク」「ならでは」「できる」です。

・ワクワク

思わず心がワクワクするような崇高な目標を掲げることが大切です。危機感ではなく高揚感こそが、人々の心に火をつけます。

・ならでは

自分たちならではの価値創出にこだわることが大切です。ＳＤＧｓのような抽象的な目標は強い共感を生み出しません。独自の価値観を打ち立てるようなこだわりが求められます。

・できる

何よりも行動を尊重し、失敗を学習機会として取り込むことで、従業員のできる感を醸成します。

モチベーションが喚起される条件は「内発的動機」と「有能感」です。ワクワクする内発的動機が、自分たちならではという有能感と失敗が許される心理的安全性という環境を得て、パーパスを達成する強いモチベーションにつながるのです。

3-2

パーパス経営のメリットと
作成のステップ

パーパス経営を実践することによって、「経営方針の一貫性」「社内の一体感」「社外の仲間との連携強化」というメリットを得ることができます。パーパス経営の実践によってサステナブル（継続的）な成長を可能にすることができるのです。

パーパス経営を実践しないとVUCAの時代に対応できない

● 現在の日本企業が陥りやすい3つの罠（病）

現在の日本企業の多くは、残念ながらパーパス経営が実践できていないと感じています。なぜできないのか、そこには3つの罠が潜んでいます。

①出発点を間違えている～社会課題解決病

「社会課題の解決」を出発点にする会社が多く、同業他社と似たような課題、つまりミッションになってしまいます。パーパス経営は主観主義（自分たちは何のために存在し、何をしたいのか）を出発点としているため、社会課題解決型よりもモチベーションが高まります。

②時間軸が短い～中期経営計画病

3～5年先の到達点をゴールにした中期経営計画を策定すると、現在の延長線上の解決策を求めざるを得なくなります。パーパス経営では30年先の達成したい未来をゴールとします。

③空間軸が狭い～自前病

自分で全てやるという「自前病」にかかっている企業が多く、自社の限界が解決策の限界になってしまっています。変化の激しいVUCAの時代には「共生」、つまり「棲み分け」が有効です。パーパス経営を実践する企業は、他社が組みたくなるような自社の中核資産を磨き続けます。

● パーパス経営を実践する3つのメリット

①経営のスピードアップ

・経営に求められる一貫性が上がりスピード感が高まる

　　パーパスがあることで、経営陣はやりたいことを社内外に共有することができます。

・イノベーションが創出できる

　　楽しさや可能性を感じる商品やサービスが生まれます。

・自立型人材を育成することができる

　　パーパスというガイドがあることで、自分で考えて実行することが促進されます。

②社内の一体感

・多様性をつなげる組織の一体感が醸成できる

　　パーパスは多様な人たちが同じ組織で働く際の共通の目的となります。

・共鳴する従業員の愛社精神が高まる

　　パーパスがあることで、共鳴する人材を採用することができます。

③社外のファンとの連携強化

・取引先や顧客の共感を得ることができ連携が強化される

　　人はストーリーに共感します。「なぜそれをするのか」というパーパスはストーリーを表し、取引先や顧客をファンに変えます。

● パーパスをつくるステップ

パーパスをつくるステップと、それぞれを担う従業員層は以下の通りです。

1st STEP：ワクワクする未来を描く（一般層）

　　ワクワクする未来を描くためには過去に縛られず自由な発想で考えることが必要です。その役割に一番適しているのは若い従業員、つまり一般層です。

2nd STEP：ストラテジー・ミッション（管理職）

　　パーパスを実現するための方策は、今の自社の実力を把握している必要があります。その役割に一番適しているのは、現場のトップである中間管理職

です。

3rd STEP：ビジョン（経営層）

　ワクワクする30年後の未来と、それを実現する戦略を受けて、それを実行するためのリソース配分、まさに中期経営計画を決めるのは経営層の役割です。そして全てを包括する日々の行動指針としてマインドセットを言語化して共有することが必要です。

パーパスが組織を向上させるイメージ

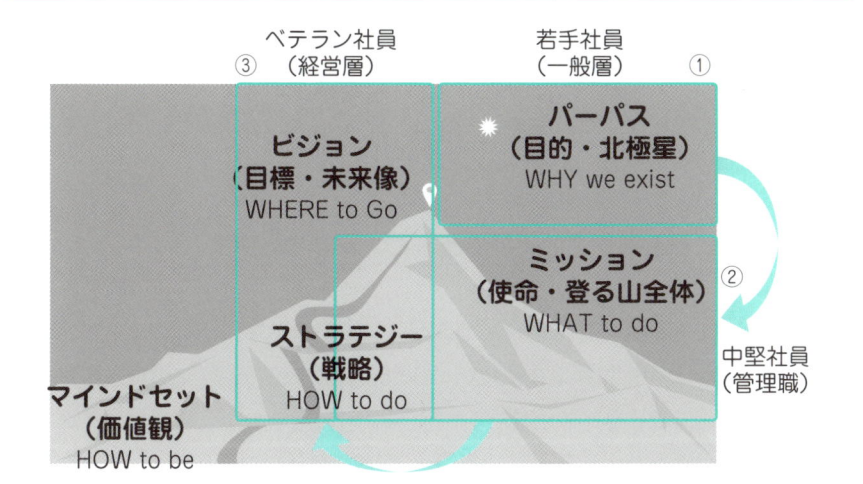

パーパスをつくる①
ワクワクする未来を描く

日本企業の多くは社会課題から考えますが、パーパスは自分たちがつくり出したいワクワクする未来を思い描くことが大切です。

社会的課題の解決がワクワクしないのはみんなと同じだから

「あなたの会社が実現したいワクワクする未来の姿は何ですか？」この質問に答えられる経営者は決して多くありません。スタートアップ企業の経営者は答えられますが、歴史の長い会社の経営者ほど答えられません。

● ワクワクする未来を考えるのに適しているのは誰か？

人間は常に「実現可能」という制約の中で思考を巡らせます。特に偏差値重視で学校を選択してきた日本人はその傾向が強く、制約のない壮大な未来を考えることが苦手です。実現可能な未来に人はワクワクしません。歴史の長い企業は自社にできることとできないことをたくさん経験してきました。この経験が制約なのです。ワクワクする未来を考えるコツは制約を取り外すことです。

具体的には、経験が浅い人、つまり若手社員に考えてもらうのです。若手社員に考えてもらうもうひとつの目的は、30年先のワクワクする未来を実現するのは、これから長く自社で働く若い社員だからです。自分たちで描いた未来だからこそ、実現するモチベーションが高まるのです。

● ワクワクする未来をどうやって考えるか？

「ワクワクする未来を考えよう」といっても、なかなか出てきません。代わりにこんな質問をしてみてください。

・もしもあなたに世界を変える力があったら、どんな世界をつくりたいですか？
・もしもあなたが自由に法律をつくれるとしたら、どんな法律をつくりたいですか？

・もしもあなたがテレビで好きな広告を流せるとしたら、どんなメッセージを発信したいですか？
・あなたの親しい人たちに、あなたの会社をどんな会社だと言ってほしいですか？

そして最後にこう聞いてみてください。

・あなたが社長だったら、会社を使ってどんな社会をつくれたら嬉しいですか？

ポイントは「売上高1兆円」や「100年企業」のような、自社目線の目標にならないことです。他者から共感を得られるような、魅力的な社会を思い描きましょう。

● 企業のパーパスの例

具体的なイメージをつかむために、パーパス経営を実践する企業がどんな未来を描いているかを参考にしてみましょう。

企業のパーパスの例

企業名	パーパス
SOMPO	"安心・安全・健康のテーマパーク"により、あらゆる人が自分らしい人生を健康で豊かに楽しむことのできる社会を実現する
日産自動車	人々の生活を豊かに。イノベーションをドライブし続ける
パタゴニア	私たちは、故郷である地球を救うためにビジネスを営む
ライオン	より良い習慣づくりで、人々の毎日に貢献する
ピジョン	赤ちゃんを真に見つめ続け、この世界をもっと赤ちゃんにやさしい場所にします
ソニー	クリエイティビティとテクノロジーの力で、世界を感動で満たす
サイバーエージェント	新しい力とインターネットで日本の閉塞感を打破する
味の素	アミノサイエンスで人・社会・地球のWell-beingに貢献する

どうですか、イメージはつかめましたか？

パーパスをつくる②
ワクワクする未来を実現する戦略を考える

ワクワクする未来を実現する戦略は、自社の強み＝企業文化から考えることがポイントです。自社の強みを一番知っているのは、経営層ではなく、現場で指揮を執る中間管理職です。

戦略を策定する最適任者は中間管理職

● 自社の歴史を振り返る

　ワクワクする未来を実現するための戦略のポイントは、自社の歴史と企業文化と強みです。人はストーリー（物語）に共感します。自社の歴史を年表にまとめることはどの会社でも行っていますが、単なる数字の羅列は共感を得られません。年表に感情を加えて、ストーリー仕立てにまとめ直しましょう。

　ストーリーにまとめるためには、当時を知っている人にインタビューすることが有効です。歴史が長い会社であれば、当時を知っている人はいないかもしれませんが、社内に資料があったり、ホームページや書籍にまとめられたりしているケースもあるはずです。中間管理職自身が自社のストーリーをつくることで、自社に対する共感が生まれます。

　　①会社の年表をつくる

　　　　まずは会社の年表を用意しましょう。

　　②項目ごとに登場人物と感情を記入する

　　　　項目ごとに「誰が、どんな想いで、それを行ったのか」を記入していきます。

　　③全体のストーリーを整える

　共感を呼ぶストーリーには共通点があります。これを「神話の法則（ヒーローズジャーニー）」と呼びます。世界中の神話には共通の流れがあり、日本の「桃太郎」なども例外ではありません。この共通の流れを明らかにしたのが、「神話の法則」

です。ハリウッド映画も全てこの「神話の法則」に従ってつくられています。その代表格が「スター・ウォーズ」です。

この「神話の法則」に従って、自社のストーリーを整えます。

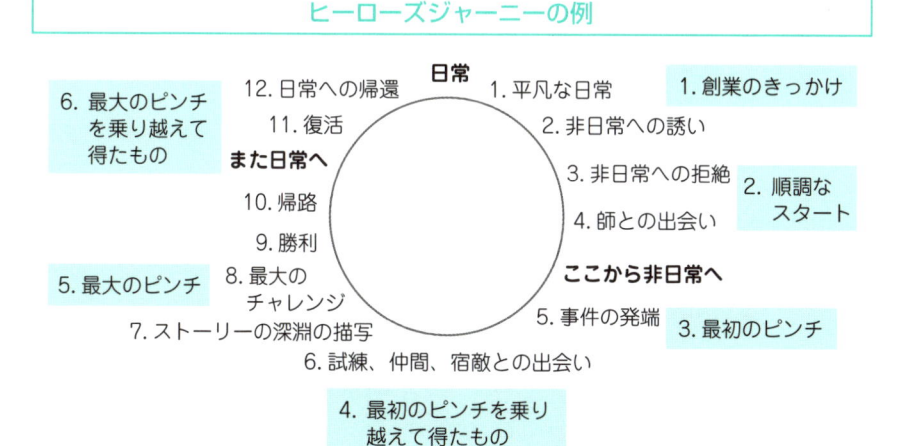

「神話の法則」は12ステップありますが、シンプルに次の6ステップに整理してみましょう。日産自動車を例にまとめてみましたので、参考にしてください。

ステップ	事　実	誰が、どんな想いで行ったのか
1. 創業のきっかけ	1933年創業 1935年自動車一貫製造開始 （トヨタは1937年創業）	「自動車で日本人の生活を豊かにしたい」という創業者鮎川義介の想いから操業。創業2年で自動車一貫製造を開始した。
2. 順調なスタート	1947年日本初の電気自動車たま発売 1952年英国オースチン社と技術提携	戦後のガソリン不足に対応するために日本初の電気自動車を製造すると同時に、戦時下の技術の遅れを取り戻すために海外企業の技術を積極的に導入した。
3. 最初のピンチ	1953年労働争議	その後長く組合との不和が続く。
4. 最初のピンチを乗り越えて得たもの	海外工場の立ち上げ 1966年メキシコ、1980年スペイン、1983年アメリカ、1986年イギリス	当時の経営陣は組合問題を抱える国内を避けて、海外生産の拡大に取り組む。
5. 最大のピンチ	1999年フランス・ルノーと提携	複数の提携候補の中から、カルロス・ゴーンのマネジメント力が決めてとなり、ルノーを選ぶ。
6. 最大のピンチを乗り越えて得たもの	2002年までの3年間にわたる日産リバイバルプランの実行でV字回復	ゴーンはCFT（クロスファンクショナルチーム）で部門間を超えた課題解決を実行し日産の活力を取り戻す。

　ここから、日産自動車の歴史をストーリーにしてみます。

　日産のスタートは、自動車に乗ることで日本人の生活を豊かにしたいという想いです。その想いを実現するために、優れた技術は積極的に取り入れてきました。現在では、日本よりも海外での生産が多く、外国人と一緒に働く多様性もDNAのひとつです。そんな日産のパーパスは「人々の生活を豊かに。イノベーションをドライブし続ける」です。

　いかがでしょうか。年表よりも共感を得ることができたと思います。

●自社の企業文化を振り返る

　前出の組織行動学の権威、エドガー・シャインは、「文化はグループが共有し、当然視している仮定の総和である。その仮定はグループがその歴史を通じて獲得してきたものであり、成功が残していったものである」と規定しました。つまり、従業員が企業で働く間に集団として獲得された価値観、信念、仮定であり、企業が繁栄を続けるにつれてそれらが共有され当然視されるようになったものを企業

文化と呼びます。

　環境の変化に対応しながら企業のパフォーマンスを支えてきたものが企業文化です。そして企業文化の一段深い所にあるものが企業風土です。企業の風土と文化を変えることは難しいですが、見方を変えることで本来持っているものとは違う能力（Capability）を見つけることができます。

環境・文化・風土のイメージ

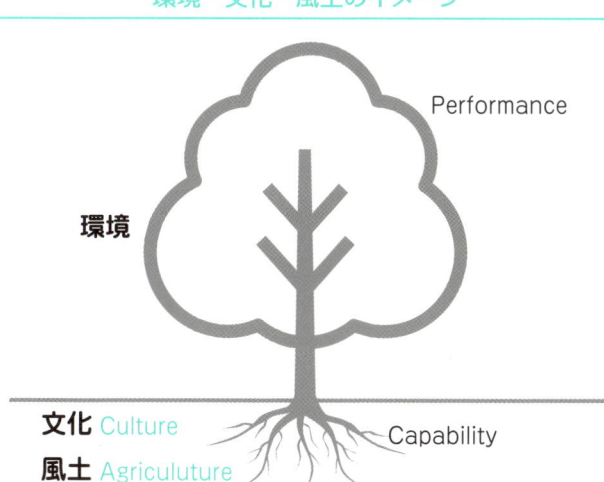

Performance

環境

文化 Culture

風土 Agriculuture

Capability

● 企業文化の4類型

　企業文化は「柔軟性と安定性」「内部志向と外部志向」の2軸で4類型に分けることができます。あなたの会社がどこに当てはまるのか考えてみましょう。

・適応能力／起業家的文化

　環境変化にすばやく反応したり、積極的に変化を生み出したりするために、創造性やリスクテーキングが重んじられる文化

・ミッション重視文化

　外部環境への急速な変化対応が必要ではなく、売上・収益・市場シェアなどの安定的目標達成に重きが置かれる組織文化

・仲間的文化

　組織メンバーの関与と参加を重視し、従業員の面倒を見て、従業員が満足することによって、競争や変化する市場への適応を可能にする組織文化

・官僚主義的文化

　内部重視で、安定した環境と整合性に主眼を置き、目標達成手段としての協力、伝統、確立した方針や慣行の遵守を重視する組織文化

４つの文化

	内部志向	外部志向
柔軟性	仲間的文化	適応能力／起業家的文化
安定性	官僚主義的文化	ミッション重視文化

　これらはどの文化が優れていて、どの文化が劣っているということではありません。企業文化は従業員が企業で働く間に集団として獲得された価値観、信念、仮定なので、変えることは困難です。現在の企業文化を認め、それを活かす戦略を立てる必要があります。

（例）
・適応能力／起業家文化

　→アイデアは豊富だが、決められたことを継続することが苦手。企画に特化して、苦手な実務は外注に委託する。

・ミッション重視文化

　→自ら企画することは苦手だが、指示されたことを遂行するのは得意。新規ビジネスなどの企画は別部門になるべく早く方策を決めさせ、どんどん指示を出して遂行させる。

・仲間的文化

　→メンバーの心理的安全性を大切にする。方策は決まっているが、やりき

ることが難しいプロジェクトを担当させる。

・官僚主義的文化

　　→決められた手順を守る仕事が得意。新規ビジネスではなく、手順が決まった安定したビジネスを担当させる。

● 自社の強みを分析する

　自社の強みを分析するにはSWOT分析を使います。SWOT分析は、企業やプロジェクト、製品、個人の戦略立案に役立つ分析手法です。4つの要素で構成されています。

SWOTの4つの要素

・Strength（強み）

　　内部のポジティブな要素。企業やプロジェクト、個人が持っている他者より優れている点や有利な点です。

・Weakness（弱み）

　　内部のネガティブな要素。改善が必要な点や他社より劣る部分です。

・Opportunity（機会）

　　外部のポジティブな要素。市場や環境の変化により、成長や発展のチャンスとなる外的な要因です。

・Threat（脅威）

　　外部のネガティブな要素。外部環境の変化によって企業やプロジェクトに悪影響を及ぼす可能性のある外的な要因です。

　SWOT分析は、内部環境（StrengthとWeaknesse）と外部環境（OpportunitieとThreat）を俯瞰し、これらを活かして戦略を立てるための手段です。慣れないうちは内部環境と外部環境を分けることが難しいと思います。大切なことはなるべくたくさん項目を出すことです。戦略を立てる時に一番怖いのは戦略に必要な項目を見落とすことです。Ｐ９４の図に示された具体的な項目例を参考にしながら、分類にこだわらずになるべくたくせん項目を出してみてください。そして出尽くした後で、作成に参加した人たちで議論しながら分類しましょう。

　その上で戦略を立てる時のポイントは「Strength（強み）」が持続可能な自社

独自の資源に裏打ちされていることです。強みというのは自分ではわかりません。それは、強みというのは「当たり前にできてしまうこと」だからです。Strengthを考える時には、「当たり前のことなのに、他社から羨ましいと言われることは何か?」と考えてみてください。

	強 み	弱 み
内的	**Strength** 高いブランド力、優れた技術力、強固な顧客基盤、財務の健全性など 継続可能な強みであること	**Weakness** 資金等社内資源の不足、製品の品質問題、知名度の低さ、人的資源の不足など
外的	**Opportunity** 新しい市場の出現、技術革新、規制緩和、新たな顧客ニーズの出現など	**Threat** 新たな競争の激化、経済の不況、規制強化、代替製品の登場など

SWOT分析

3-5

パーパスをつくる③ パーパスを中期経営計画に 落とし込む

> パーパスを言語化するコツは、「どんな独自の強みを使って、誰を、どんな状態にしたいか」です。中期経営計画の実行に責任を持つ経営層が、パーパスを実行するための資源配分を決めることでパーパスが完成します。

パーパスの実現のために

　パーパスを実行するための短期的ステップを表した中期経営計画をつくるのは経営層の責任です。

　パーパス経営と中期経営計画は、企業が持続的な成長を目指す上で互いに補完し合う重要な経営の要素です。それぞれが異なる役割を持ちながら、企業のビジョンや目標を具現化するために連動しています。最高意思決定機関の経営層がパーパスをまとめ、中期経営計画に落とし込むことで、パーパスの実現に現実味が加わります。

● パーパスを言語化する

　一般層の従業員から「30年後に実現したいワクワクする未来」が提案され、管理職からは「未来を実現するための力の源泉として文化と強み」が提案されました。最後に、経営層はパーパスを3つの構成要素にまとめます。

- ・誰を
  - →日本なのか、世界なのか、広ければいいわけではありません。ドラッカーの質問にある「顧客は誰なのか」を決めるのは、まさに経営層の役割です。
- ・自分たちならではの強みで
  - →管理職層から提案された「文化と強み」を言語化します。
- ・どんな状態にしたいのか?
  - →一般層から提案された「30年後のワクワクする未来」を言語化します。

ドラッカーは経営者の思考を整理するために、5つの質問をすることを勧めています。パーパスを発見する際にも、有効な質問です。

1. 私たちのミッションは何か？

　　組織の存在意義を明確にする質問です。「なぜこの組織は存在するのか？」という根本的な問いに対し、組織の使命や目的を再確認します。

2. 私たちの顧客は誰か？

　　組織がサービスを提供する「顧客」や「対象者」を明確にする質問です。顧客が誰かを正確に理解することで、適切なサービス提供が可能になります。

3. 顧客は何を価値あるものとするか？

　　顧客が何を求め、何を重要視しているのかを理解することが目標です。顧客のニーズや期待を把握し、それに応えることで、組織の提供価値を高めます。

4. 私たちの成果は何か？

　　組織の活動の成果や成功をどのように測定するかに関する質問です。目標が達成されたか、顧客に対して価値を提供できているかを確認します。

5. 私たちの計画は何か？

　　今後の行動や戦略について計画を立てるための質問です。組織のビジョンを実現するために、どのようなアクションをとるべきかを具体的に検討します。

● パーパスを中期経営計画に落とし込む

これまで見てきたように、パーパスは企業の目指す長期的なビジョンであり、短期的な利益にとらわれず持続的で社会的なインパクトを生み出すことが重視されます。

一方で、中期経営計画は、通常3年から5年の期間における企業の戦略的目標や具体的な施策を定めた計画のことです。中期経営計画には以下の要素が含まれます。

財務目標：売上高、利益率、投資計画などの具体的な数値目標。

事業戦略：市場拡大、新規事業の展開、製品やサービスの強化などの戦略。

資源配分：人材、資金、技術などの経営資源の配分。

リスク管理：競争環境や経済状況の変化への対応。

　パーパス経営は企業の長期的な存在意義やビジョンを定め、持続可能な成長や社会への貢献を目指します。一方、中期経営計画はそのビジョンを実現するための具体的な戦略や目標を設定し、企業の成長を計画的に進めるための道筋を示します。3〜5年ごとに中期経営計画をゼロから考えていては、方向性が一貫せずに従業員は迷ってしまい実行するモチベーションが下がります。大切なことはパーパスを軸にパーパスを達成するための3〜5年のステップを作ることです。両者をうまく連携させることで、企業は社会的価値と経済的価値を両立させ、長期的に成功を収めることができます。

第3章

STEP3【実践編】　組織のパーパスをつくる

3-6

クレドをつくる

日常の企業活動にパーパスを浸透させるには、パーパスを実践するための「クレド（信条）」を規定することが必要です。

クレドの規定のために

●クレドとは何か

　パーパスに向かって全従業員が進むには、常にクレドを問い続けることが必須です。企業の「クレド」は、その会社の存在意義、価値観、行動指針を明確にするための短い文章であり、企業文化や従業員の行動に大きな影響を与える重要なものです。クレドは、企業がどのような価値を大切にし、どのような姿勢で顧客、従業員、社会と向き合うかを示すものです。クレドは企業の根幹を成す信念であり、従業員一人ひとりの行動に影響を与えます。強いクレドを持つ企業は、従業員が共通の価値観に基づいて動き、一貫性のある行動をとることができ、企業文化の形成にも役立ちます。クレドはただの文章として表すだけはなく、企業の行動指針として浸透させることが成功の鍵となります。

●クレド作成のステップ

・企業の存在意義（パーパス）を明確にする

　　企業がなぜ存在するのか、何を目的に活動しているのかを言語化します。これは、単に利益を追求すること以上に、社会や顧客に対してどのように貢献するかを示す必要があります。

　　例：「私たちは、地球に優しいエネルギーを提供し、次世代に持続可能な未来を創造します」

・企業の価値観を定義する

　　組織として、どのような価値を大切にするのかを定めます。これには、従業員や顧客、社会に対してどのような姿勢を持つべきかが含まれます。

例：「誠実さと透明性を持って行動し、常に顧客の信頼を最優先に考えます」

・行動指針を具体化する

クレドは行動に移すための指針を含むべきです。従業員が日常の業務や意思決定の際に指針とする具体的な行動規範を示します。

例：「私たちはチームワークを大切にし、共に成長することで最高の結果を追求します」

・シンプルで覚えやすい表現にする

クレドはシンプルでわかりやすく、従業員がすぐに覚えられる表現にすることが重要です。長すぎたり、複雑すぎたりすると、実際に浸透しづらくなります。

・全員で共有し、浸透させる

クレドは全社的に共有され、全従業員がその価値観と行動指針を実践できるようにすることが大切です。これには、新入社員研修でのクレドの教育や、日常業務での評価基準に組み込むことが有効です。

● クレドの具体例

いくつかの企業のクレド例です。

1. ジョンソン・エンド・ジョンソン

「我が社の第一の責任は、医師、看護師、患者、母親、父親、その他、我が社の製品やサービスを利用するすべての人々に対してである」

2. スターバックス

「お客様とコミュニティに対し、毎日豊かな体験を提供するために、私たちはすべての決定を行います」

3. パタゴニア

「私たちの製品は最高の品質であり、環境に与える影響を最小限に抑え、社会的・環境的な責任を果たします」

事例の最後に、日産自動車のクレドである「日産WAY」を紹介します。

日産WAY

コア・メッセージ

「すべては一人ひとりの意欲から始まる」

「焦点はお客様、原動力は価値創造、成功の指標は利益です。」

日産自動車ではクレドとして「日産WAYを規定し、ポスターにして社内の至るところに張り出しています。そして5つの「心構え」と5つの「行動」に沿って、人事評価が行われます。

第 **4** 章

STEP 4 【実践編】
個人のパーパスをつくる

会社のパーパスと個人のパーパスの重なる部分が大きい
従業員ほど、会社とのつながりが感じられてエンゲージ
メントが高くなります。とはいえ、「自分のパーパスとは
何か？」を自覚し言語化できる従業員は多くありません。
ステップに沿って、ぼんやりと意識してきたことをパー
パス化しましょう。まずは管理職自らがパーパスをつく
り、その体験を踏まえて部下にもパーパスをつくっても
らいましょう。

ライフラインチャートで
自分の人生を振り返る

あなたが仕事を始めてから現在までを振り返り、その時々の主な出来事と満足度を曲線でつなげる「ライフラインチャート」を描いてみましょう。あなたの満足度が、何に影響を受けているかがわかります。

ライフラインチャートの描き方

●ライフラインチャートは主観的な「自分のものさし」で測る

あなたの人生は会社に入ってから始まったのではありません。会社に入る前からあなたの人生は始まっていて、すでに大切にしたい価値観や人生の目的は形成されていたはずです。あなた自身の人生全体を振り返ることで、パーパスの源泉である価値観を明らかにしていきます。

●人生の棚卸しをする

あなたの人生を棚卸ししましょう。

・会社に入る前、子供の頃のこともできるだけ書き出してみましょう。

・感情と登場人物を記入しましょう。

・つくったら、喜怒哀楽をキーワードに見落としがないか確認しましょう。

筆者のライフラインチャート

時期	年齢	起きたこと	感情（喜怒哀楽）
就 学 前	5歳	弟が生まれて親の注目を奪われる	哀しかった
小 学 校	10歳	高学年になると体が大きくなり、スポーツで目立つようになる	嬉しかった
中 学 校	14歳	勉強は苦手でやる気にならなかったけど、友達がたくさんできた	楽しかった
高等学校	18歳	高校バレーの地区大会で公式戦初勝利。チームメイトと最高の思い出をつくることができた	最高に嬉しかった
大 　 学	21歳	就職活動、卒業論文に苦労したため、少し気分が落ち込みがちだった	少し辛かった
入 　 社	22歳	なんとか希望する会社に入れた。憧れの社会人生活が始まり、わくわくした気持とやる気に満ち溢れていた	楽しかった
一 般 職	25歳	思い描いていた社会人生活とのギャップををを感じ、仕事がうまくいかないと感じる時がしばしばあった	哀しかった
結 　 婚	29歳	学生時代からつきあっていた彼女と結婚。みんなに祝ってもらえた。	最高の喜び
後輩育成	30歳	先輩からのアドバイスで少し前向きに。また、OJTを経験し、後輩を育成・指導することで自分の成長も感じることができた	自信が持てて仕事が楽しくなった
海外出張	32歳	新しい環境についていくことに苦労。海外出向した同期を羨ましく思った。	自信が継続して仕事が楽しかった
チーム間異動	33歳	新しいチームにも慣れ、海外出張も複数回経験できた。自分に向いている仕事とその進め方がわかってきた	
長男誕生	34歳	出産に立ちあったおかげで、妻の辛さと喜びに共感できた	最高の喜び
課長昇格	39歳	後輩たちがお祝いの飲み会を開いてくれた	嬉しかった

● ライフラインチャートを作成する

　棚卸しを基に、ライフラインチャートを描いてみましょう。年表に書き出された項目は全て記入しましょう。ライフラインチャートを描きながら思い出したことがあれば、年表に追加しましょう。

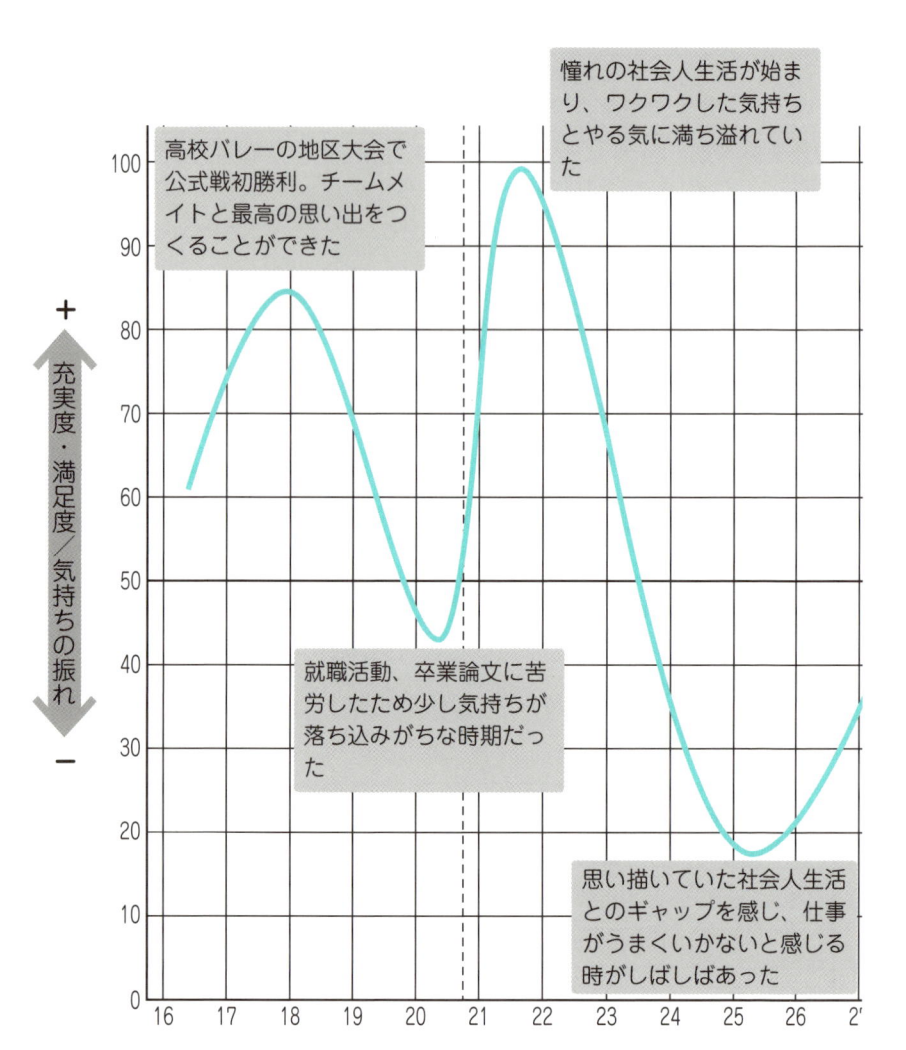

高校バレーの地区大会で
公式戦初勝利。チームメ
イトと最高の思い出をつ
くることができた

憧れの社会人生活が始ま
り、ワクワクした気持ち
とやる気に満ち溢れてい
た

就職活動、卒業論文に苦
労したため少し気持ちが
落ち込みがちな時期だっ
た

思い描いていた社会人生活
とのギャップを感じ、仕事
がうまくいかないと感じる
時がしばしばあった

＋

充実度・満足度／気持ちの振れ

－

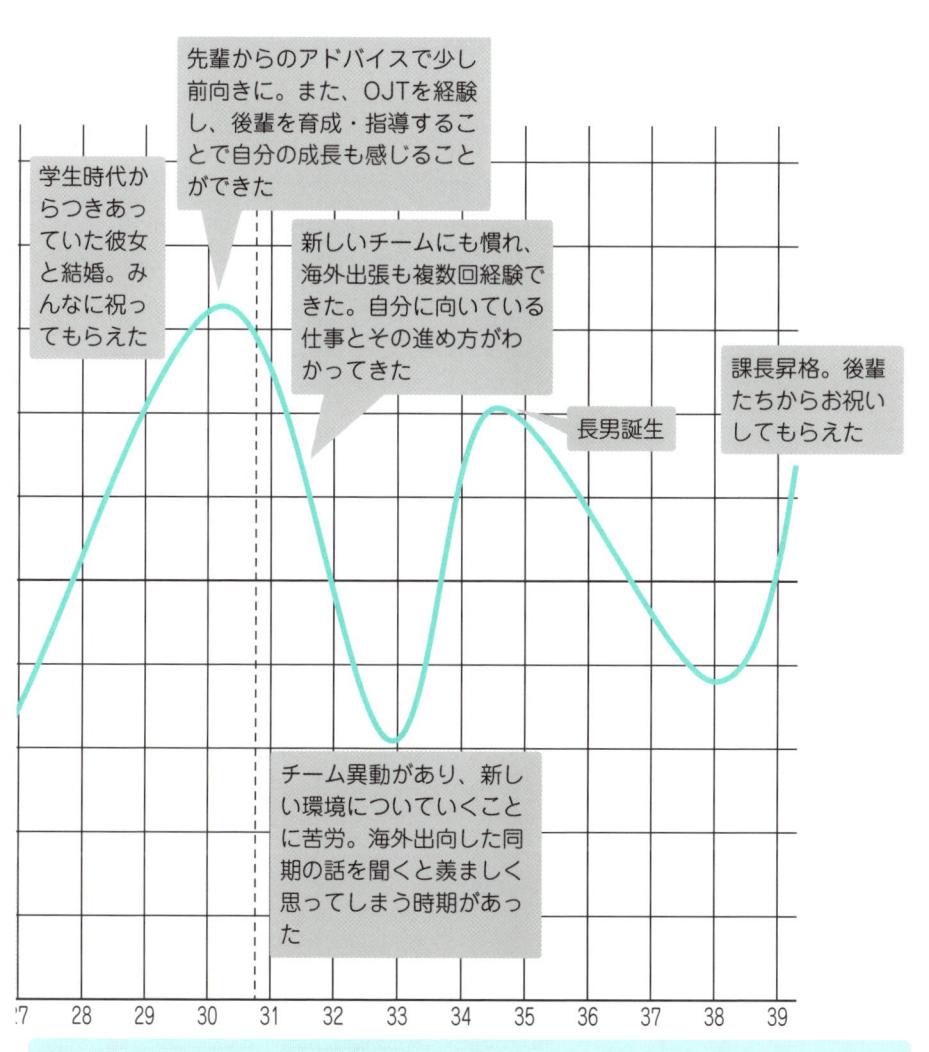

先輩からのアドバイスで少し前向きに。また、OJTを経験し、後輩を育成・指導することで自分の成長も感じることができた

学生時代からつきあっていた彼女と結婚。みんなに祝ってもらえた

新しいチームにも慣れ、海外出張も複数回経験できた。自分に向いている仕事とその進め方がわかってきた

課長昇格。後輩たちからお祝いしてもらえた

長男誕生

チーム異動があり、新しい環境についていくことに苦労。海外出向した同期の話を聞くと羨ましく思ってしまう時期があった

27　28　29　30　31　32　33　34　35　36　37　38　39

第4章 STEP4【実践編】 個人のパーパスをつくる

ライフラインチャートを描くためのヒント：

- これまで歩んできた道を自分で見て、どんなことを感じましたか？
- +の高いところや−の低いところ、あるいはカーブが変化するところでは、どんなことがありましたか？
- その時にどんなことを考えていましたか？

ライフチャートシート

p104〜105を参考にあなたのライフラインチャートを記入してみましょう

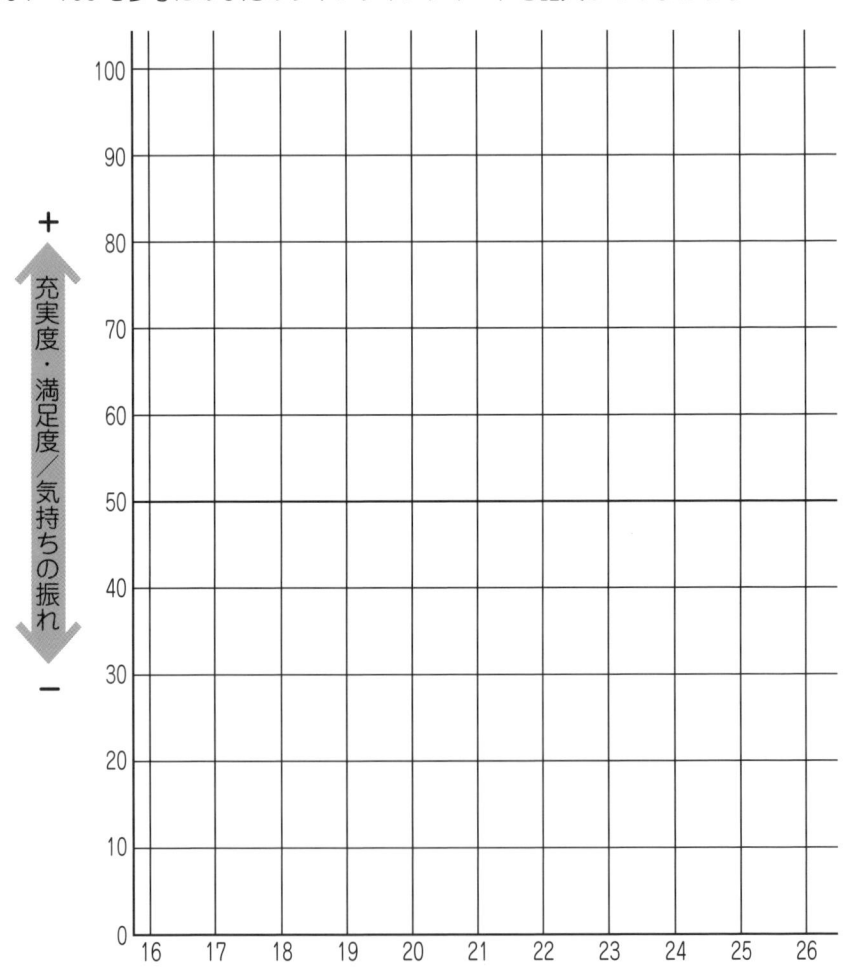

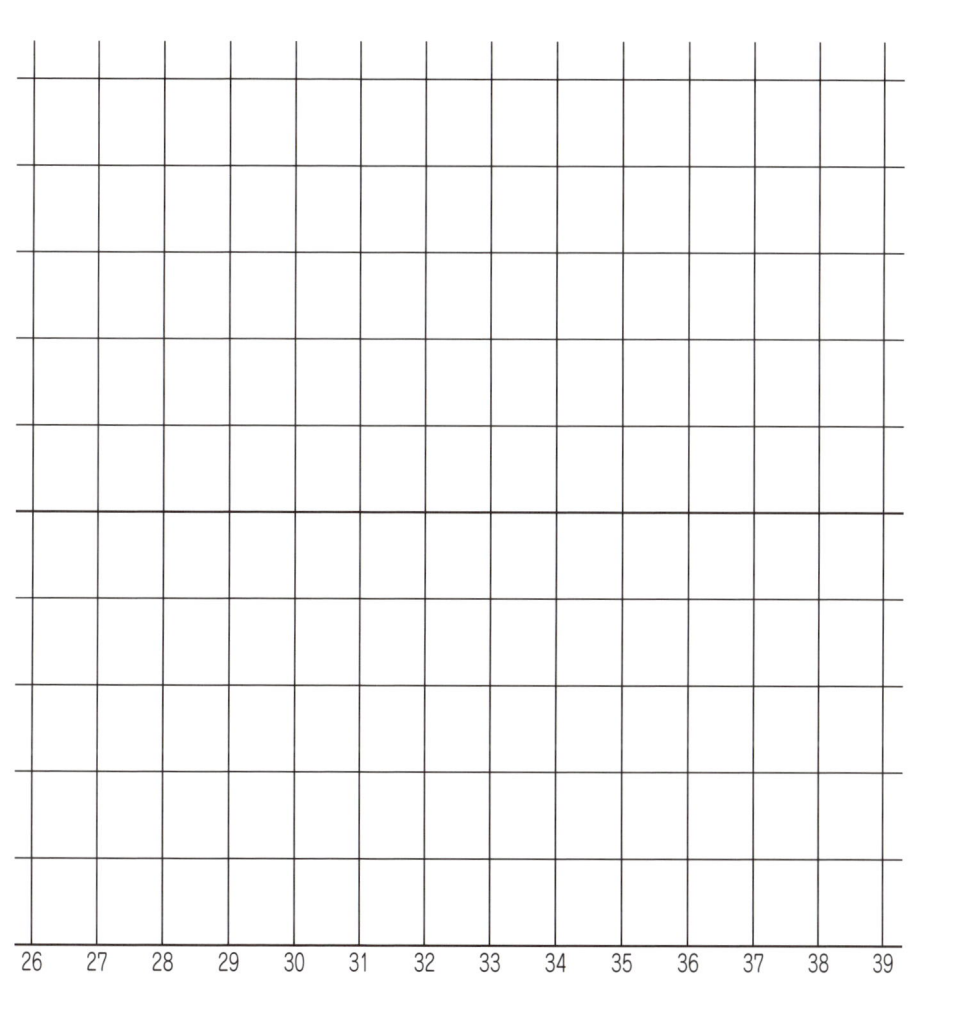

| 26 | 27 | 28 | 29 | 30 | 31 | 32 | 33 | 34 | 35 | 36 | 37 | 38 | 39 |

第4章 STEP4【実践編】 個人のパーパスをつくる

● 自分の価値観と影響を与えるモノを言語化する

　自分に大きな影響を与えたと思えるエピソードを3つ選び、できるだけ具体的に（いつ、どこで、誰が、何をしたのか）記入してください。書き終えたら、上昇／下降した時の理由や気持ちを思い出してみてください。最後に全体を俯瞰して、あなたが大事にしてきた価値観と、あなたに影響を与えるモノ（ヒト、モノ、カネ）を表現してみてください。

筆者の例

順位	時期・年齢	エピソードの内容	上昇／下降した時の理由や気持ち
①	18歳	高校バレーの地区大会で公式戦初勝利。チームメイトと最高の思い出をつくることができた	友達と一緒に喜び合うことが最高のエネルギー
②	29歳	初めて後輩の育成を担当。人の成長に関わる喜びを感じた	先輩の指導と後輩の成長の喜びを知った
③	30歳	結婚。結婚式と二次会でたくさんの人が祝ってくれた	とにかくたくさんの笑顔を見ることができたのが幸せだった

価値観：人が喜ぶ顔を見るのが最高の喜び

影響を与えるモノ：笑顔

4-2

会社を選んだ動機を振り返る

今の会社を選んだ動機を覚えていますか？　会社に入って仕事に没頭するうちに、いつの間にか入社の動機＝目的を忘れてしまいがちです。会社を選んだ時の初心を思い出しましょう。

入社動機を振り返る意味

● 初心忘るべからず

「初心忘るべからず」という言葉には2つの意味があります。「物事を始めた時の気持ちを大切にする」という意味はみなさんも知っていると思いますが、更に「それを続けていく中で困難に出会った時、その困難を乗り越えるには素直で謙虚な気持ち（初心）が必要になる」という意味があります。入社した時の志望動機は、普段は特に意識していませんが、無意識のうちにその方向に向かって歩んでいるものです。社会に出てからの働く価値観を知るヒントが隠されています。

● 会社を選んだ動機と理由を振り返る

説得力のある志望動機にするためには、結論だけ書くのではなく、根拠もセットにして伝えることが大切です。就職活動や転職活動の面接の時に、採用担当者に「なるほど」と思ってもらえるように志望動機を徹底的に考えたはずです。当時考えていた志望動機を、改めて整理してみましょう。

- ・結論：志望する理由は○○です
- ・根拠：なぜなら□□だからです
- ・必然性：御社でなければ私の志望動機は実現できません

例えば、私の志望動機はこんな感じでした。

- 結論：志望する理由は「商社」だからです
- 根拠：なぜなら、町工場の経営者の家に育って、人のやる気を引き出すことの大切さと難しさを肌身に感じてきたからです。「商社は人なり」という言葉がある通り、製品をつくらずにサービスを売る商社は、製造業以上に従業員のやる気が業績に与える影響が大きいと思います。
- 必然性：できたばかりの商社だからこそ、社員一人ひとりのやる気を大切にする社風をつくりたいという想いが実現できると思いました。

　そして、こうも付け足しました。「やる気を大切にする社風をつくるために、まずは営業部門で営業の大変さを経験させてください。その後に、人事部門で社風を取り組ませてください」今になってつくった話ではなく、本当に就職面接でそう話をしました。キャリアを歩む中で、「いつかは社風づくりに取り組みたい」と明確に意識したわけではありませんが、気がついたらその通りのキャリアを歩んでいました。

　あなたも、志望動機を改めて言語化してみましょう。

4-3

自分のモチベーションの源泉を知る

自分のために頑張る人もいれば、他人の為に頑張る人もいます。自分の頑張る気持ち（モチベーション）の源泉を知ることで、人生の目的が見えてきます。

モチベーションの源泉分類

● モチベーションの源泉には4タイプある

　自分のために頑張る人も、他人のために頑張る人もいます。感情を大事にする人も、報酬を大事にする人もいます。モチベーションの源泉は人それぞれで、どれが良い悪いはありません。自分のモチベーションの源泉を知ることが大事です。

● モチベーションの源泉を4タイプに分析する

　モチベーションの源泉は、目標を達成した時に得られるメリットの質で考えます。次の2軸で考えてみましょう。

　　・自分にとってのメリットと自分以外の他者のメリット
　　・感情的なメリットと形としてのメリット

　　　＊「メリット」とは「目標を達成した時に得られるいいこと」と考えてください。

作成手順

① 「1年後の目標を達成した時のメリット」を挙げる

　　具体的に考えるために、1年後程度の短期的な目標で考えます。

②4つのブロックに最低5つずつのメリットを書き出す

　　順番はどこからでもOKです。区分が間違っていてもOKです。

③振り返り

　　4つのブロックのどこが書きやすいかであなたのモチベーションの源泉がわかります。

「自分／有形」「自分／無形」「他者／有形」「他者／無形」

どこが書きやすかったですか？

　必ずしも、自分のためよりも他者のための方がよいというわけではありません。

自分のモチベーションの源泉を素直に振り返りましょう。

【参考】

「自分／他者」「有形／無形」を考える時に参考にしてください。

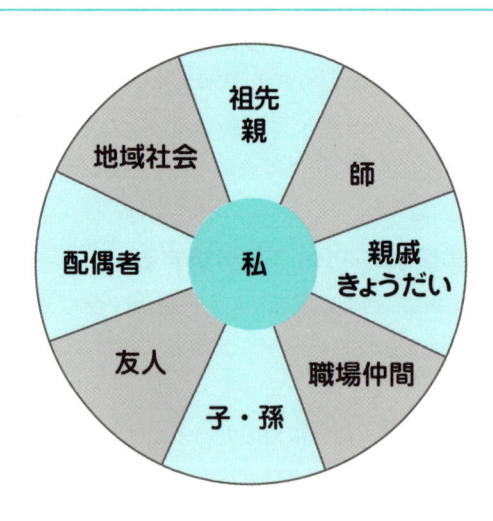

私と社会・他者

祖先　親 / 師 / 親戚　きょうだい / 職場仲間 / 子・孫 / 友人 / 配偶者 / 地域社会 / 私

有形・無形リスト

有　形

成績、順位、表彰、地位、役割、
お金、物、人材、情報、時間など

無　形

誇り、気持ち、感情、意欲、態度
姿勢、性格、理想像、資質など

完成図のサンプル

1年後の目標「年間売り上げ目標120%達成」

有形

他者	自分
・会社の売上が増える ・商品力がアップする ・従業員の販売スキルが向上する ・自分の部署が社内表彰される ・親に海外旅行をプレゼントする	・年収が上がる ・お小遣いが増える ・課長に昇格する ・販売スキルが向上する ・海外でビジネスが増えて出張に行ける
・家族が安心する ・子供たちの親に対する尊敬が自分自身の自信につながる ・会社に対する従業員の誇りが高まる ・地域が元気になってイキイキする ・お世話になった先輩が部下育成の自信を持てる	・自分の仕事に誇りが持てる ・達成感を得て自信が持てる ・将来に向けてワクワクできる ・日々の生活がイキイキする ・家族から尊敬される

無形

ワークシート

有形

他者	自分

無形

自分の強みを考える

自分の強みは自分ではわかりません。それは、本当の強みは「当たり前にできる」ことの中にあるからです。強みを見つけるワークを通して、自分自身の本当の強みを明らかにしましょう。

強みの見つけ方

● 強みとは「なぜみんなこんな当たり前のことができないのか?」と思えること

自分の強みというと「なりたい自分」を挙げてしまう人が多いようです。それは、自分を客観視できないからです。自分の強みは他人の方がわかるものです。この視点を踏まえて、自分の強みをワークで探索します。

● 自分の強みを知る3つの質問

自分の強みを知るための3つの質問に答えてください。

Q1 自分では当たり前でも、2人以上から「すごいね」と言われることは何ですか?

Q2 時間を忘れて取り組むほど「好きなこと」は何ですか?

Q3 自分にできることを活かして「お役に立てたら嬉しい」と思うことは何ですか?

特にQ1は自分で思い出せなければ、周囲の人に聞いてみてください。

次に示した私の答えを参考にしてください。

筆者の場合

Q1： 自分では当たり前でも、2人以上から「すごいね」と言われることは何ですか？（3つ）

・他人の考えていることを絵にする能力がすごい
・説明のわかりやすさがすごい
・人脈の広さがすごい

Q2： 時間を忘れて取り組むほど「好きなこと」は何ですか？（3つ）

・本や新聞を読んで考えている時間。自分の中で理解がつながった瞬間が好き
・人と話をしている時間。テーマが広がっていってまたつながる会話が好き
・人に楽しんでもらうために料理をすることが好き。食べたいものをリクエストされたら何でもつくる。

Q3： 自分にできることを活かして「お役に立てたら嬉しいな」と思うことは何ですか？（3つ）

・僕の説明で効率良くポイントを掴んでくれたら嬉しい
・僕の人脈を活かして、必要な人とつながってくれたら嬉しい
・僕の料理で会話がはずんで人がつながる場をつくれたら嬉しい

● 自分の強みを言語化する

自分の答えを振り返ってみて、自分の強みを言語化してみましょう。

強みには様々なカテゴリーがあります。いくつかの例を挙げますので参考にしてください（これ以外にもあります）。

・コミュニケーション力：他者との対話や調整が得意。
・社交性：知らない人と出会い、惹きつけ味方につけることが得意。
・問題解決力：複雑な問題を分析し、解決策を見つけるのが上手。
・理解力：他人の話を理解することが得意。
・リーダーシップ：チームをまとめ、目標に向かって導く力がある。
・創造力：新しいアイデアや視点を生み出すのが得意。
・分析力：データや情報を分析して、論理的な結論を導き出すことができる。
・学習意欲：常に向上心を持って学習できる。結果よりも学習自体が好き。

・継続力：決められたことを続けることが得意。

・達成力：旺盛に仕事に取り組み、自分が多忙で生産的であることに満足感を得る。

参考に私の強みをご紹介します。

私の強みは「理解力」「社交性」「サービス精神」です。他人の話を聞いて理解し、わかりやすく説明することが得意です。相手の望んでいることを理解し、役に立つことが好きです。

4-5
自分の人生のパーパスを 発見し言語化する

パーパスの構成要素が「誰を」「自分ならではの強みで」「どんな状態にしたいか」であることは、企業も個人も一緒です。

パーパスの発見と言語化

● あなたの達成したい世界にいるのは誰ですか?

あなたの人生は会社だけではありません。会社は人生の一部です。まずは会社のことを忘れて、あなたの人生のパーパスを考えましょう。

● あなたの価値観を棚卸ししましょう

「価値のリスト」を使ってあなたの人生の価値観を明らかにしましょう。

①あなたにとって価値があるものを小項目から10個選んで○をつけてください。
②その中から特に価値があるものを4個選んで◎をつけてください。
③選んだ小項目が含まれる大項目【 】に○をつけてください。

その大項目が、あなたが人生で大切にしている価値観です。その価値観を全て並べて書き出してみてください。書き出した価値観が全て手に入る世界はどんな世界ですか。

あなたにとって価値あるものを小項目から10個選んでください。
更にそれらを4個に絞ってください。

【 冒 険 】	危険・スリル・大胆な行動・儲け・探求・実験・興奮・驚き・ドキドキ・手に汗握る
【美しさ】	優美・洗練されている・エレガントな・魅力的な・愛らしい・輝いている・荘厳な・風流な・繊細な・美しい・流れるような・綺麗
【影響する】	衝撃を与える・スイッチをオンにする・コーチする・誘発する・影響を与える・刺激する・活力を与える・変化させる・強化する・驚きを与える
【創造する】	設計する・発明する・合成する・想像する・独創的である・思いつく・計画する・構築する・完璧にする・組み立てる・工夫する・オリジナリティ
【感じる】	感情を表す・経験する・感づく・いい感じを持つ・一緒にいる・つながっている・エネルギーを共有する・感じる
【 導 く 】	ガイドする・引き起こす・喚起する・統治する・支配する・制御する・説得する・奨励する・道すじを立てる・役に立つ・貢献する
【習得する】	専門家となる・その分野を極める・熟達・卓越・首位・傑出・偉大・最高・抜きん出る・優秀・達人
【関わる】	結びつき・コミュニティ・家族・絆・親しい・友だち・約束を守る・手を取り合う・協力・親密
【精 神 性】	気づいている・受け入れている・全てとつながっている・神聖な・捧げる・静寂・道・宇宙的な
【教える】	教育する・指導する・啓発する・情報を与える・アドバイスする・伝える・引き出す・エネルギーを与える・力を貸す・教える
【 勝 つ 】	打ち勝つ・達成する・成し遂げる・成功する・到達する・やり遂げる・勝利・優勝・一番

● ワクワクする未来を考える

　「3章　組織のパーパスをつくる」（p79〜）でもお話しした通り人間は常に「実現可能」という制約の中で思考を巡らせるため、制約のない壮大な未来を考える

ことが苦手です。実現可能な未来に人はワクワクしません。ワクワクする未来を考えるコツは制約を取り外すことです。ここでも同じように以下の質問を考えてみてください。

・もしもあなたに世界を変える力があったら、どんな世界をつくりたいですか？
・もしもあなたが自由に法律をつくれるとしたら、どんな法律をつくりたいですか？
・もしもあなたがテレビで好きな広告を流せるとしたら、どんなメッセージを発信したいですか？
・あなたが亡くなる時、親しい人たちから「どんな人だった」と言ってほしいですか？

●あなたならではの実現の方法を考える

「4−4　自分の強みを考える」で明確にしたあなたの強みをもう一度振り返ってください。その強みをどう使えば、あなたがつくりたい世界を実現することができますか？

●誰を対象にしたいのかを考える

その世界はどこにつくりたいですか？　そこに居るどんな人が対象ですか？　対象を考えてください。

・場所はどこですか？（例）世界中、アジア、日本、自分の住む地域
・どんな人ですか？（例）未来のある子供たち、経済的に恵まれない人、実力を発揮できない人、家庭と仕事の両立に苦しんでいる女性、ジェンダーに悩む人

ここまできたら、材料はそろっています。パーパスシートに記入してみて、もう一度パーパスを見直してみましょう。

見直しのポイント

・一貫性があるストーリーになっていますか？

・パーパスで描く世界にワクワクしますか？

・理想の世界をもっと大きくできませんか？

　（例）少なくする→なくす。多くする→満たす。

私のパーパスシートを参考にしてください。

筆者の場合

名前：境修				
私のパーパス		誰を：日本中の人を		4－5 (p117)
		ならでは：理解力、社交性、サービス精神＝コーチングで		
		どんな状態：ポテンシャルを発揮できないもったいない人をゼロにする		
私のクレド	1	毎日をオープンマインドでいる為に、自分と違う相手の要素を5つみつける		4－6 (p121)
	2	コーチングを学び続けるために、毎月1回コーチングを受ける		
	3	常に頼まれたことを断らずに、納期の前日までに答えを返す		
会社に対して 貢献したいこと		ポテンシャルが発揮できない会社に対するコンサルタント 機能を強化する		4－7 (p123)
会社を選んだ動機		従業員全員がやる気になる社風を作りたかった		4－2 (p109)
私のモチベートの源泉		他者／無形		4－3 (p111)
私の強み		理解力、社交性、サービス精神		4－4 (p114)
私の価値感		影響する、感じる、関わる、教える		4－5 (p117)
私に影響を 与えた出来事	1	子供の頃から実力があるのに評価されない会社が好きだった		4－1 (p102)
	2	父親が経営者だった影響で、従業員のやる気を引き出す経営に興味を持った		
	3	まず他社の利益を考えることで、取引先から信頼を得た		

4-6

日々のクレド（行動約束）を
３つ挙げる

パーパスにたどり着くために毎日常に実行すること、それがクレドです。あなたは自分
に対して、どんな行動をとることを約束しますか。

パーパスの達成はクレドから

●SMARTの法則を使って、毎日チェックできる行動約束をつくる

クレド（Credo）という言葉はまだ一般的ではありませんが、もともとはラテン語で「信条」「志」「約束」を意味する言葉で、従業員が行動する際の指針や基準となる価値観や行動規範を指します。企業の経営理念を具体的な行動指針として落とし込むことで、従業員が同じ方向を向いて進むことができるため、導入している企業があります。

クレドを導入することで、従業員の日々の行動に具体的な目標が出来てモチベーションが上がり、主体性が高まります。

パーパスをスローガンで終わらせないためには、毎日の行動に落とし込むことが必要です。目標を設定する時の鉄則「SMARTの法則」に沿ってクレド（行動約束）をつくりましょう。

●SMARTの法則

SMARTの法則は、目標設定やプロジェクト管理において効果的に目標を立てるためのフレームワークです。SMARTは、それぞれの頭文字が特定の基準を表しており、目標を明確で達成可能なものにするために役立ちます。

SMARTの法則		
S pecific （具体性）	相抽象的なスローガンでなく達成イメージや状態を 具体的に表現する	
M easurable （計量性）	実行や達成を測れるように数値で表す	
A chievable （達成可能性）	現在の実力的に達成可能なものを目標にする	
R elevant （関連性）	ゴールと連動しているものを目標にする	
T ime-bound （期限）	いつまでに達成するのかを明確にする （毎日する習慣でもよい）	

● クレドをつくる

　あなたがパーパスを実現するための、自分との約束です。約束を守っていることを確認する為には、約束がたくさんあっても疲れてしまい、形骸化してしまいます。まずは3つから始めてみましょう。SMARTの要素が全て入っていることが理想です。ここに私のクレドを挙げますので、参考にしてください。

　　・毎日をオープンマインドでいるために、自分と違う相手の要素を5つ見つける。
　　・コーチングを学び続けるために、毎月1回コーチングを受けます。
　　・常に頼まれたことを断らずに、納期の前日までに答えを返します。

　あなたはどんなクレドを自分に約束しますか？

4-7

会社に対して貢献したいことを考える

あなたがつくりたい未来をつくれた時に、会社はどんなメリットを享受することができるのでしょう。「私がこんな社会を創ったら、うちの会社にはこんなメリットがありますよ」と言えるメリット、それが貢献です。

貢献の内容を具体的に考えてみる

● **もしも会社と業務委託契約を結ぶとしたら、どんな業務を請け負うか？**

パーパスで大事なことは、自分主体で考えることです。まずは会社のことは考えずに、自分のパーパスの実現を考えましょう。

● **会社に対する貢献を考えるコツ**

1. ワクワクする世界から考える

ワクワクする未来が実現できた時の、自社のメリットを考えます。

（例）個人：世界の環境問題を解決したい

会社：電気自動車の普及に貢献する

業務委託：電気自動車の広報活動

2. 自分ならではの強みから考える

個人の強みをどのように会社の目標や戦略に役立てられるかを見つけます。

（例）個人：環境に配慮した製品開発の経験と強みがある

会社：会社のエコプロジェクトで商品開発に関わる

私の例を参考にしてください。

個人：コーチングの力で日本中のポテンシャルを発揮できていない人をゼロにする

会社：商社として、もったいない会社のポテンシャルが発揮できるようなコンサルタント機能を強化する

業務委託：コンサルタントの養成

最後に完成した私の「パーパスシート」を参考にしてください。

<table>
<tr><th colspan="4" align="center">完成したパーパスシート（筆者の場合）</th></tr>
</table>

名前：境修			
私のパーパス		誰を：日本中の人を	
		ならでは：理解力、社交性、サービス精神＝コーチングで	4−5 (p117)
		どんな状態：ポテンシャルを発揮できないもったいない人をゼロにする	
私のクレド	1	毎日をオープンマインドでいる為に、自分と違う相手の要素を5つみつける	
	2	コーチングを学び続けるために、毎月1回コーチングを受ける	4−6 (p121)
	3	常に頼まれたことを断らずに、納期の前日までに答えを返す	
会社に対して貢献したいこと		ポテンシャルが発揮できない会社に対するコンサルタント機能を強化する	4−7 (p123)
会社を選んだ動機		従業員全員がやる気になる社風を作りたかった	4−2 (p109)
私のモチベートの源泉		他者／無形	4−3 (p111)
私の強み		理解力、社交性、サービス精神	4−4 (p114)
私の価値感		影響する、感じる、関わる、教える	4−5 (p117)
私に影響を与えた出来事	1	子供の頃から実力があるのに評価されない会社が好きだった	
	2	父親が経営者だった影響で、従業員のやる気を引き出す経営に興味を持った	4−1 (p102)
	3	まず他社の利益を考えることで、取引先から信頼を得た	

第 **5** 章

STEP 5【実践編】

1on1で個人と組織の パーパスの一致点を 見つける

1on1（ワンオンワン）とは、上司と部下が定期的に1対1で行う面談やミーティングのことです。部下の成長を促すマネジメント手法として、近年導入する企業が増えています。1on1の目的は、部下の行動や学習を促進したり、仕事への意欲を高めたりすることです。部下の悩みや将来的なビジョンなどを理解し、問題解決や気づきによる成長をサポートします。

5-1

パーパスの一致点を探す時に気をつけたいこと

個人のパーパスと組織のパーパスの一致点が多いほど、仕事に対する熱意が高くなります。この一致点を見つける時の大事なポイントは、個人のパーパスを中心に考えることです。会社とのつながりを感じるのは個人です。個人側からアプローチすることが大切です。

組織のパーパスと個人のパーパスは対等な関係

組織のパーパスが明確で、従業員にとっても意義のあるものであれば、仕事が「個人の自己実現の場」として機能します。個人のパーパスと組織のパーパスが共鳴することで、個人は組織の目標に貢献することが、自分の人生の充実や達成感に直結すると感じやすくなります。こうした状態では、従業員は単なる「タスクの遂行者」ではなく、企業の目的に貢献する「パートナー」としての意識が強くなり、主体性を持って行動します。つまり個人と組織がWin-Winの関係になるのです。

● メンバーシップ型雇用の弊害

日本の企業の多くはメンバーシップ型雇用を採用しているため、従業員は会社からどの部署でどんな仕事をするという指示を待つクセがついています。一方で、ジョブ型雇用が中心のアメリカでは、自分がやりたいことをやらせてくれる会社を探します。つまり、メンバーシップ型雇用は受け身の姿勢を生み、ジョブ型雇用は主体性を生みやすいのです。

メンバーシップ型雇用とジョブ型雇用

ジョブ型雇用

アメリカ
欧州

職務が明確化

専門的
（職務定義書に明記）

人材の沈殿性高い

メンバーシップ型雇用

日本

限定せず広く人材登用

総合的
（ジョブローテーション）

人材の流動性低い

　メンバーシップ型雇用に慣れた日本人に、自分主体で考えてもらうためには、工夫が必要です。面談する上司は、まずは個人のパーパスと、パーパスを実現するストーリーを考えてもらい、そこに組織がどんな形で登場するのかを考えてもらいましょう。

● 個人のパーパスと組織のパーパスは対等な関係

　個人と組織の関係は対等です。個人のパーパスはそれぞれの従業員で異なり、同じではありません。つまり一致点も個人によって異なるのです。決して組織のパーパスの下にそれぞれの従業員のパーパスが紐づく訳ではありません。現代は多様性の時代です。異なる価値観を持つ従業員が組織とつながる部分は、一人一人異なっていて当たりまえです。かえっていろいろな一致点がある方が組織のパフォーマンスが上がります。このことを踏まえて、一人一人のパーパスの一致点を探してみましょう。各個人がそれぞれの一致点のためにやる気を持って日常の企業活動を行う、そんな一致点を持った従業員が多いほど、その組織は活力が高まると言えるでしょう。

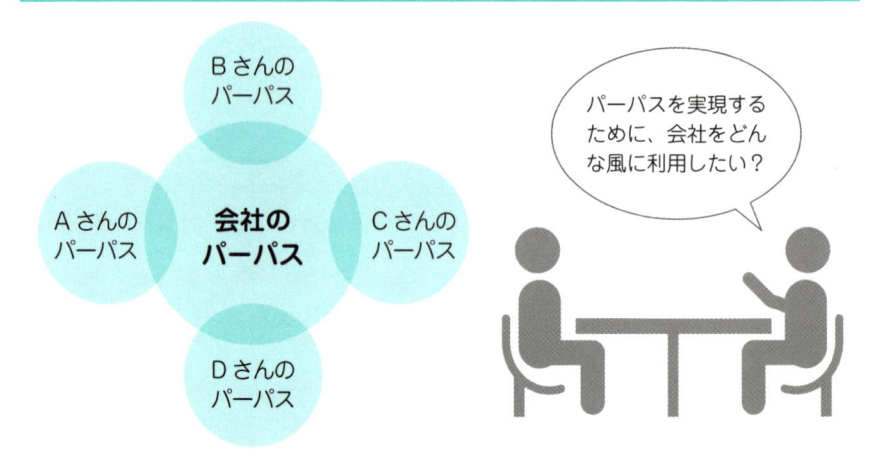

パーパスの一致点を発見する質問の例

B さんの
パーパス

A さんの
パーパス

会社の
パーパス

C さんの
パーパス

D さんの
パーパス

パーパスを実現する
ために、会社をどん
な風に利用したい？

　メンバーシップ型に慣れてしまい組織を中心に考える癖がついている日本人に自分のパーパスを中心に考えてもらうことは困難です。そんな時には「あなたの人生のパーパスを実現するために、会社をどんな風に利用したい？」と問いかけてみましょう。

　あなた自身は、人生のパーパスを実現するために、会社をどんな風に利用したいですか？

5-2

1on1の目的と進め方

1on1は上司と部下が定期的に対話する場として、多くの企業で活用されています。その目的は、部下の成長支援やフィードバック、仕事の課題解決、キャリア開発など、多岐にわたります。ここでは基本的な1om1の流れを押さえると同時に、パーパスの一致点を探すことを目的にした1on1の進め方を学びましょう。

「体験学習サイクル」を使って、パーパスの一致点を見つけ出す

全ての1on1に共通の進め方のポイントと、視点（考え方）について理解しましょう。

● 全ての1on1に共通の進め方のポイント

1on1を成功させるためには、いくつかの重要なポイントを押さえておく必要があります。

・定期的に行う

　　1on1は、定期的に行うことがポイントです。継続的にコミュニケーションを取ることで、部下の課題や成長をサポートしやすくなります。

・部下を主体にする

　　1on1は部下のための時間であり、部下が話したい内容に重点を置くことが大切です。上司が一方的に話すのではなく、部下の意見や感情を引き出すことが目的です。

・傾聴する

　部下の話をしっかりと聞くことが重要です。部下の悩みや提案に真摯に向き合い、解決策を共に考える姿勢を持つことで、信頼関係が築かれます。

・正しいフィードバックを行う

　フィードバックとは、目標を達成するために必要な情報、つまり目標とのズレを伝えることです。的に向かって大砲を打つ人を例にとると、目標に対して10メートル手前で着弾したら「10メートル手前に着弾したこと」を伝え

ることがフィードバックです。あくまでも目標を設定するのは当事者（大砲を打つ人）であり、目標を達成するための方策を考えるのも大砲を打つ人です。「もう10メートル前に出て打ちなさい」というような指示やアドバイスはフィードバックではありません。

● 全ての1on1に共通の視点（考え方）

体験学習サイクル（Experiential Learning Cycle）は、アメリカの教育学者デービッド・コルブが提唱した学習理論で、実際の経験から学びを得るプロセスを体系化したものです。このサイクルは、学びを単なる知識の習得に留めず、実際の経験を通じて深め、実践に活かしていくことを目指しています。体験学習サイクルは主に4つの段階から構成されており、それぞれが循環的に学びを深めていくプロセスを表しています。

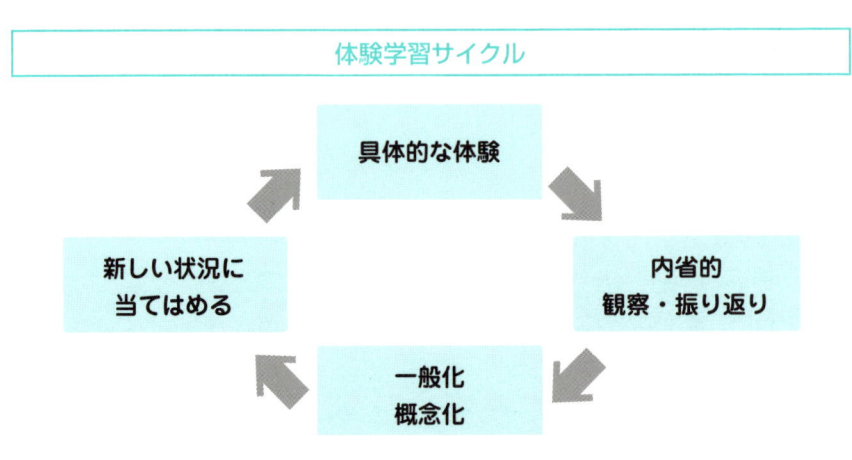

体験学習サイクル

具体的な体験

内省的
観察・振り返り

一般化
概念化

新しい状況に
当てはめる

体験学習サイクルの4つの段階

1. **具体的な体験**

まず、何かしらの「経験」を通して学びが始まります。実際に体験した出来事やチャレンジ、実際の仕事や活動などを指します。

2. **内省的観察・振り返り**

次に、その経験を振り返る段階です。この振り返りの過程では、体験した出来事や自分の行動を客観的に見つめ直し、何が起こったのか、どう感じたのか、何がうまくいったか、何が課題だったかなどを振り返ります。この振り返りが、学びの深さを決める重要な要素となります。

3. **一般化・概念化**

振り返った経験を基に、そこから学んだことを「概念化」する段階です。具体的な出来事を抽象的に理解し、理論やルール、原理としてまとめます。これによって、経験から得た教訓を整理し、他の状況にも応用できるように知識化します。

4. **新しい状況に当てはめる（実践）**

最後に、学んだことを基にして次の行動を計画し、実際に新たな行動や試行を行う段階です。ここで得た知見を実践に活かし、新たな方法を試し、再び具体的な経験を積みます。これによって、学びが次のサイクルにつながり、継続的な成長が可能になります。

●1on1での具体的な活用方法

テーマ設定：

上司：今日の1on1のテーマは何ですか？

部下：新しく始まるプロジェクトをうまくいかせることについて話したいです。

〈ポイント〉部下主体でテーマを設定する

1. **具体的な体験**

上司：過去にうまくいったプロジェクトを経験したことがありますか？

部下：入社して3年目の時に参加したプロジェクトが、とてもうまくいった経験があります。

2. 内省的観察・振り返り

上司：その時のプロジェクトがうまくいった理由は何だと思いますか？

部下：メンバー間のコミュニケーションがとても活発でした。

3. 一般化・概念化

上司：メンバー間のコミュニケーションを活発化するコツは何だと思いますか？

部下：何を言っても否定されない安心感だと思います。まだ入社3年目の私の意見を、先輩たちは否定せずに一生懸命真剣に聞いてくれました。

〈ポイント〉「コツ」という質問で概念化を促す。

4. 新しい状況に当てはめる（実践）

上司：今度始まるプロジェクトで、メンバーに安心感を与えるためにあなたにできることは何ですか？

部下：今回は年下のメンバーもいますし、先輩もいます。ちょうど真ん中がくらいの年次なので、まずは私が年下のメンバーの話を否定せずに聞くことと、先輩たちにもそれを提案してみます。

〈ポイント〉「自分にできること」という質問で、具体的な行動を引き出す。

● 体験学習サイクルの特徴と効果

この理論の大きな特徴は、学びが循環するプロセスとして描かれている点です。経験を経験で終わらせずに概念化することで、継続的な学びと成長を促します。

5-3

上司のパーパスとクレドを部下に開示する

相手に安心感を持ってもらい、本音で話をしてもらう最高の方法は自己開示です。1on1のベースである安心安全な関係をつくり、部下の本音を引き出すために、まずは上司が先に自己開示しましょう。

パーパスシートとゴールデンサークルを使って自己開示し、共感を得る

自己開示を行うことで、他者に対して自分のことを理解してもらいやすくなり、共感や信頼が生まれます。しかし、自己開示の程度や内容は状況や相手に応じて適切に調整することが重要です。過度な自己開示は、相手に負担をかけたり、距離感を誤ってしまったりすることもあります。パーパスシートを台本にすることで、バランスの良い自己開示をすることができます。

● ジョハリの窓で自己開示の大切さを理解する

「ジョハリの窓」は、自己認識と他者からのフィードバックを通じて、人間関係やコミュニケーションを改善するための心理学的モデルです。1955年にアメリカの心理学者ジョセフ・ルフトとハリー・インガムによって提唱されました。二人の名前を組み合わせて、「ジョハリの窓」と呼ばれるようになりました。

ジョハリの窓は、自己理解と他者理解を促進し、自己開示やフィードバックの重要性を示すために使われます。個人の対人関係の中での「自己」を4つの領域に分けて考え、自己に関する情報を「自分が認識しているか」と「他者に知られているか」という2つの軸で分けます。

ジョハリの窓

	自分は知っている	自分は知らない
他人は知っている	自他ともに認める **開放の窓**	他人だけが知る **盲点の窓**
他人は知らない	自分だけが知る **秘密の窓**	誰も知らない **未知の窓**

　上司と部下の双方が知っている領域「開放の窓」を広げることで相互理解が深まり、円滑なコミュニケーションにつながっていきます。

● ゴールデンサークルを使って自己開示のシナリオを作る

　「ゴールデンサークル」は、マーケティングコンサルタントのサイモン・シネックが提唱した理論です。ゴールデンサークルは、3つの層WHY、HOW、WHATから構成される円の形で示されます。人の心を動かすメッセージは、サークルの中心にあるWHYから始めることが重要であるとシネック氏は説きます。このWHYがパーパスです。まずパーパスから話すことで、部下の心に届くメッセージがつくれます。

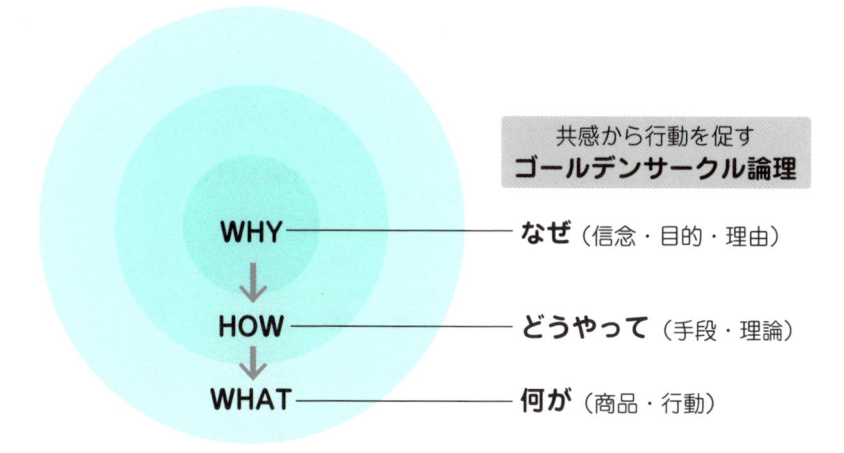

ゴールデンサークルのイメージ

共感から行動を促す
ゴールデンサークル論理

WHY———————— **なぜ**（信念・目的・理由）

HOW———————— **どうやって**（手段・理論）

WHAT———————— **何が**（商品・行動）

ゴールデンサークルを使った自己開示の例

WHY：どんな状態にしたいか（ワクワクする未来）

HOW：自分ならではの方法

WHAT：会社に対する貢献

普通のメッセージ

私は社内にコンサルタントを育成したいです

　　　*WHYとHOWが無い（WHATしかない）

ゴールデンサークルを使ったメッセージ

WHY：私のパーパスは「日本からもったいない人をゼロにすることです」

HOW：それを実現するために、私のコーチングスキルを活かしたいと思います

WHAT：だから私は社内にコンサルタントを育成したいです

5-4

MYパーパス1on1の進め方①
コーチングセッションの実施

1on1の基本形はコーチングセッションです。セッションの基本的な流れに沿って1on1を進めることで、あなたもすぐに効果的な1on1が行えます。

「3×6シンプルコーチング」の型で1on1を進める

コーチングセッションのポイントは、具体的な行動を導き出すことです。その為のセッションの型としてお勧めなのが、（一社）フィールド・フロー柘植陽一郎代表が提唱する「3×6シンプルコーチング」です。

● 3×6シンプルコーチングの型

3×6シンプルコーチングは三つの時制と、六つの質問で構成されています。

・3つの時制

3つの時制とは「現在」「未来」「少し先の未来」です。ポイントは考える順番です。

①現在：コーチングの基本は、現状を丁寧に振り返ることです。

②未来：理想の状態です。これがパーパスに当たります。

③少し先の未来：行動の選択です。理想の状態を実現するために、今から自分にできることは何かを考えます。

・6つの質問（4つの視点）

4つの視点とは「深ぼる」「広げる」「ネガティブをポジティブに切り替える」「俯瞰する」です。これを6つの質問で問い掛けます。「現状」を例に説明します。

①深掘りする：より深く現状を把握するために、部下の説明を掘り下げます。それには「具体的には？」「〜っていうのは（違う言い方をすると）？」「例えば？」という質問が有効です。

②広げる：何か問題があると、課題に集中して視野が狭くなってしまいます。現状を広く把握するために、「他には（何が起きてるの）？」という質問

で部下の視野を広げます。

③ネガティブをポジティブに切り替える：人は課題を考える時に、常にネガティブな面に目を向けてしまいます。「〜とはいえ（違う評価をするとしたら？）」という質問で、現状のポジティブな側面に目を向けさせます。

④俯瞰する：脳は話をすることで、活性化されます。セッションで話をして思考が活性化した状態で、部下自身に現状をサマリーしてもらいます。

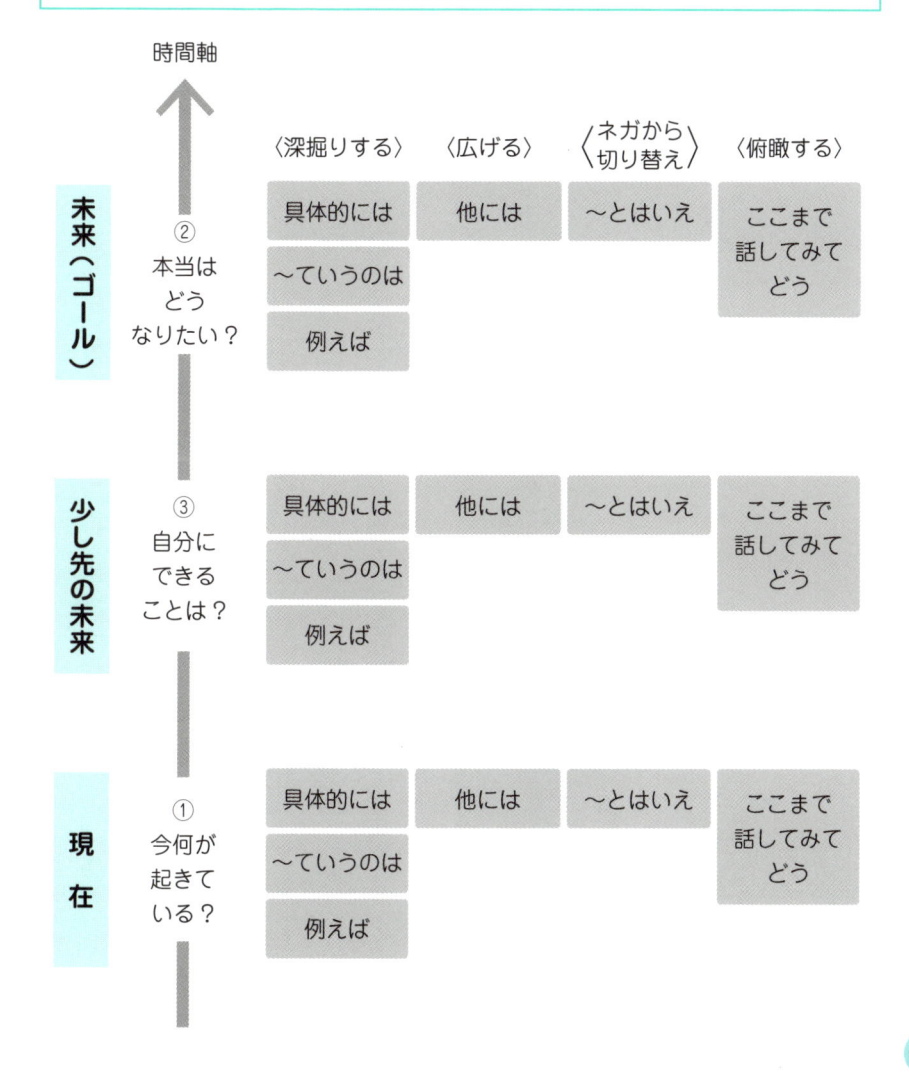

３×６シンプルコーチング

● 3×6シンプルコーチングを使ったパーパス1on1の例

上司：あなた自身のパーパスを実現するために、今何が起きていますか？

部下：社内にコンサルタントを育成したいのですが、手をつけられていません。

上司：「手をつけられていないというのは、具体的に言うとどういうことですか？」

　　　「手をつけられていないことの他には何が起きていますか？」

　　　「手がつけられないというのを違う言い方をすると？」

　　　「ここまで話をしてみて気が付いたことは何ですか？」

上司：理想の状態はどんな状態ですか？

部下：コンサルタントが社内で資格化されるのが当面のゴールです。

上司：「資格化されているというのは、具体的に言うとどういうことですか？」

　　　「資格化することの他にも理想の状態はありますか？」

　　　「資格化というのを違う言い方をすると？」

　　　「ここまで話をしてみて気がついたことは何ですか？」

上司：今からできることに何がありますか？

部下：他の社内資格がどんなステップで資格化されたのか調べてみます。

上司：「ステップというのは、具体的にはどんなことがわかるといいですか？」

　　　「ステップの他に知りたいことはありますか？」

　　　「ステップというのを違う言い方をすると？」

　　　「ここまで話をしてみて気がついたことは何ですか？」

MYパーパス1on1の進め方②
タイムラインを一緒に歩く

人生を一本の線で表したタイムラインを歩くことで、会話よりもリアルに過去を振り返り未来を想像することができます。部下のタイムラインを一緒に歩きながら1on1をしてみましょう。

身体を使って思考を広げる

通常会社での1on1は会議室で座って行われるケースが多いと思います。人は身体を動かすことで、思考が広がります。身体を動かすコーチングセッションとしてタイムラインをお勧めします。

● タイムラインを使ったパーパス1on1の例

①会議室の床に一本の線を引き、10年ごとに目盛りをつけてタイムラインを作ります。

②ライフラインチャートを見ながら、タイムラインにそって歩きます。ライフラインチャートに書かれている出来事ごとに立ち止まり、何が起きたのか、どんな感情だったのか、何を学んだのかを話してもらいます。

③現在の年齢のところで止まり、歩いてきたタイムラインを振り返ります。ここまでの人生を俯瞰してみて、自分が大切にしてきたことを語ってもらいます。

④現在地から未来に視線を向けて、理想の状態（パーパス）を語ってもらいます。実際にそれを実現するとされる年齢まで行ってみて、そこから振り返ってみて人生全体を俯瞰してもらいます。

⑤もう一度現在地に戻り、パーパスに向けて歩きながらこれからなにをするのかを語ってもらいます。

常に上司は「なるほどね」という受け入れのあいづちを打ちながら、一緒に歩きます。積極的な姿勢で傾聴（アクティブリスニング）することがポイントです。決して批評や批判、アドバイスをしてはいけません。

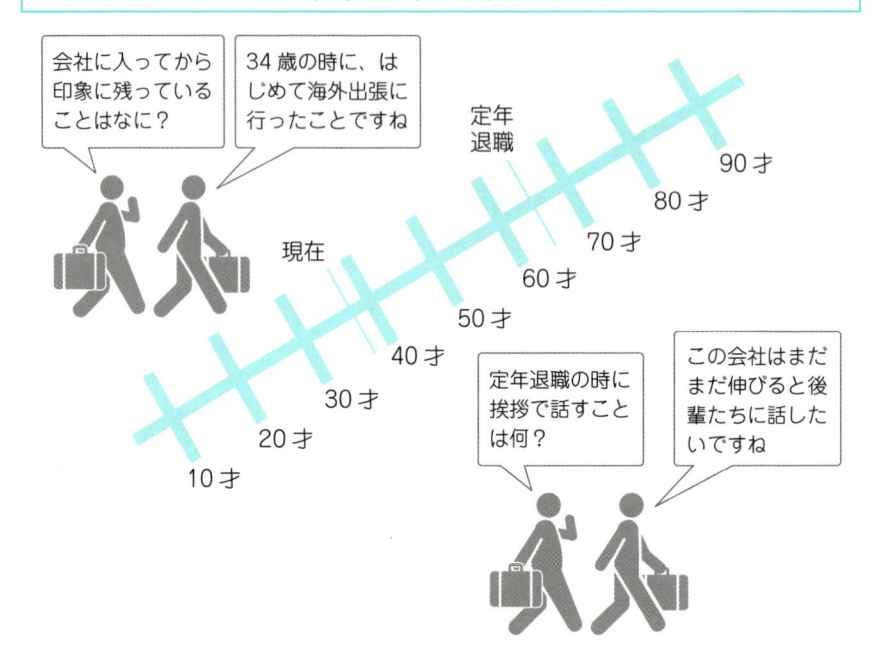

タイムラインのイメージ

会社に入ってから印象に残っていることはなに？

34歳の時に、はじめて海外出張に行ったことですね

定年退職

90才
80才
70才
60才
50才
40才
30才
20才
10才

現在

定年退職の時に挨拶で話すことは何？

この会社はまだまだ伸びると後輩たちに話したいですね

● タイムラインの効果

タイムラインの効果は2つあります。1つ目の効果は、思考が広がることです。頭で考えるだけではなく、実際に移動することで視野が広がり、臨場感を持って思考することができます。

2つ目の効果は、上司に対する信頼感が高まることです。一緒に歩きながら積極的に傾聴してくれる上司はまさに伴走型コーチであり、部下は強い信頼感を抱きます。

5-6

MYパーパス1on1の進め方③ マズローの欲求5段階説を 利用したチェック

人間の成長のステップを表したものがマズローの「欲求5段階説」です。部下が現在5段階のどこにいるかを考えながら1on1してみましょう。

行動が止まっていたら、欲求5段階説で対策を考える

マズローの「欲求5段階説」は、アメリカの心理学者アブラハム・マズローが1943年に提唱した、人間の欲求や動機づけに関する理論です。この理論では、人間の欲求はピラミッド型に階層化されており、下層の基本的な欲求が満たされないと、次の高次な欲求へとは移行しないという考え方が示されています。

マズローの「欲求5段階説」

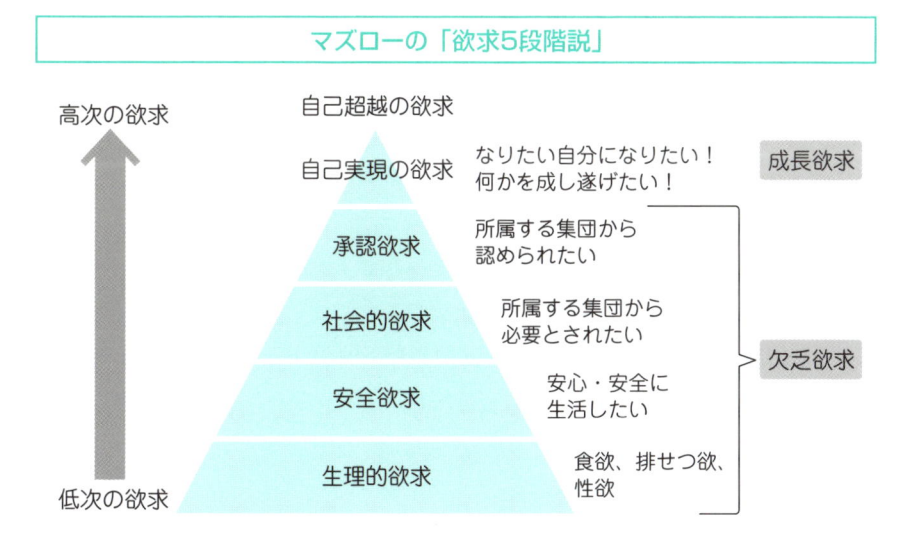

●5つの欲求を理解する

1. 生理的欲求

最も基本的な欲求で、生存に必要な欲求です。食べ物や水、睡眠、空気など、生命維持に欠かせないものが満たされなければ、他の欲求を考えることはで

きません。

2. 安全欲求

　生理的欲求が満たされた次に、人間は自分の身を守り、安心できる環境を求めます。安定した生活環境や職業、安全な住まいなどを求めるという欲求です。

3. 社会的欲求

　安全が確保されると、人間は他者との関係やつながりを求めます。家族や友人、恋愛、職場での人間関係など、愛情や所属を求める欲求です。

4. 承認欲求

　社会的な関係が満たされると、次は自分自身の価値や他者からの評価を求めるようになります。自分の能力や努力、成果に対する評価を求め、他者から尊重されたいという欲求です。

5. 自己実現の欲求

　ピラミッドの最上位に位置する欲求で、自分の持つ潜在能力を最大限に発揮し、理想的な自己を実現することを求める欲求です。創造性や自己成長、使命（パーパス）の達成など、個人の可能性を追求することです。

　マズローは、自己実現の欲求が満たされた時に、人は本当の意味での充実感や満足感を得るとしました。そしてその先に、「自分を越えたい」という更なる自己成長の欲求が生まれると考えました。

● 欲求5段階説を使った1on1のチェック

　パーパスに向けて積極的に行動を起こせる部下ばかりではありません。積極的に行動を起こせない部下に対しては、どの階層で止まっているのかを考えましょう。

1. 生理的欲求

　健康状態や睡眠がとれているのかを確認してみましょう。

2. 安全欲求

　家庭や職場を、安全だと思っているかを確認してみましょう。

3. 社会的欲求

　　私の経験上、この段階で止まっているケースが非常に多いと思います。かなり個人情報に触れる部分なので、無理に聞き出すことは避けましょう。部下が自分から本音を語ってくれるように、安心安全な関係を築くことが大切です。その上で、他のメンバーとのつながりを感じているか確認してみましょう。「2−6　承認のスキル①」のうち、「存在承認」が満たされていることが必要です。

4. 承認欲求

　　現在の職場で、自分が承認されていると感じているか確認してみましょう。もしも、感じていない場合は、どんな点を誰に承認してほしいのかを聞いてみましょう。「2−6　承認のスキル①」のうち、「成長承認」と「成果承認」がこの段階にあてはまります。成長を承認してほしいのか、成果を承認してほしいの部下に聞いてみましょう。

5. 自己実現の欲求

　　ここまでの欲求が満たされているにもかかわらず、積極的に自己実現に向けて取り組めていないとしたら、努力の仕方がわからないことが考えられます。自分の持つどんな強みを使えばパーパスが実現できるのか、相談にのってあげましょう。

第5章　STEP5【実践編】　1on1で個人と組織のパーパスの一致点を見つける

第 **6** 章

STEP 6【展開編】
継続できるような
仕組みをつくる

現在、ミッション・ビジョン・バリューを設定している
会社が増えてきました。しかしその多くが、定着と実行
に課題を感じています。パーパスも同じです。ポスター
を掲示したり、社内ポータルに掲載したりしているだけ
では、パーパス活動をエンゲージメント向上につなげる
ことはできません。ここでも、キーマンは中間管理職です。
中間管理職の役割を中心に、継続の為の活動のポイント
を見ていきましょう。

継続していくために最も大切なのは上司の日常的な問いかけ

パーパスをスローガンで終わらせず、エンゲージメント向上につなげるために最も大切なことは、パーパスを日常活動の判断基準にすることです。その役割こそ、中間管理職の最も大事な役割です。

パーパスやクレドを問いかけ続ける

例えば、リクルートは「私たちは、新しい価値の創造を通じ、社会からの期待に応え、一人ひとりが輝く豊かな世界の実現を目指す」という基本理念（パーパス）のもとに、従業員には「圧倒的な当事者意識」を求めます。その実現のために、日常的に「君はどう思うの？」という問いかけが行われます。

●問いかけの有効性

従業員の成長という点において、「問いかけ」の方が「指示」よりも有効であることは、心理学的にも裏付けられています。問いかけは、自主性や主体性を促進し、問題解決能力を向上させ自己効力感を高め、内発的動機付けを強化し、メタ認知能力や問題解決能力を育む効果があります。そして、何よりも問いかけをする上司と答える部下の間に、信頼関係を築く効果があるのです。

1. 自主性や主体性を促す

　部下が自分の意見や考えを持つことを促し、自主的な問題解決能力が育まれます。

2. 問題解決能力の向上

　部下に「自分で考え、提案する」機会を与えることで、論理的思考や問題解決力を鍛えることを促します。

3. コミュニケーション能力の向上

　問いかけに答えることによって会話が発生し、より良いコミュニケーションが生まれ、建設的なディスカッションができるようになります。

4. 自分の考えを整理するため

　　質問に答えるためには、自分の頭の中にあるアイデアや考えを整理し、明確にする必要があります。その過程で自分が何を求めているのか、何に困っているのかをよりはっきりと理解できるようになります。

● 問いかけは信頼を生む

　部下の相談に対して、一般的には上司は方策を「指示」します。指示を受けた部下は、受動的な姿勢にならざるを得ません。受動的な姿勢からは積極的な行動は起きにくく、成果も上がりにくくなります。一方で、問いかけられた部下は自分で答えを選ぶので、主体的に行動を起こし、何らかの成果が上がります。

　指示をすることで「指示待ちで言ってもやらない」というレッテルを貼って失望するより、問いかけて「自分で考えて行動できる」という信頼感を持った方がお互いのためになります。

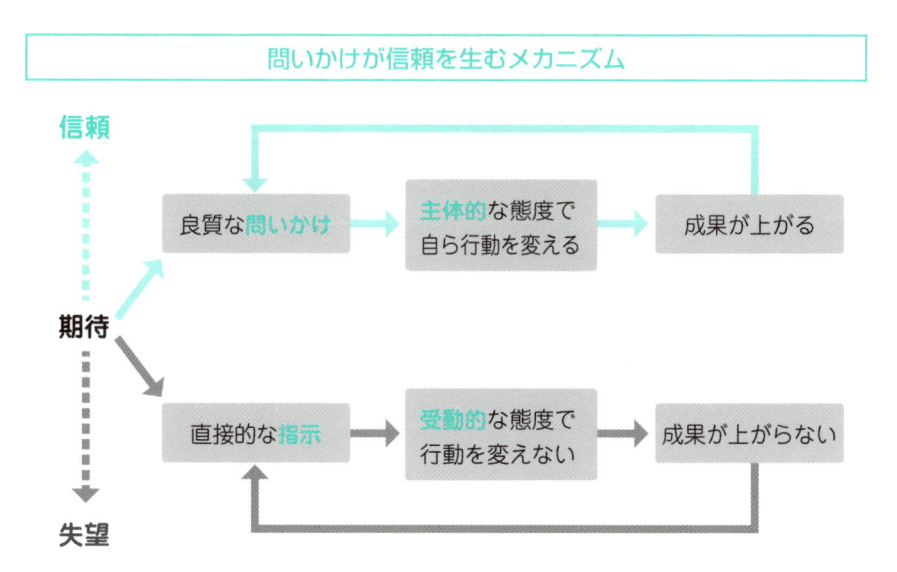

問いかけが信頼を生むメカニズム

● パーパスとクレドを問い続ける

　部下の相談に対して、パーパスとクレドを問いかけることが、パーパスに命を吹き込みます。例えばこんな質問をしてみてはいかがでしょうか。

・会社の（君の）○○というパーパス（クレド）に沿って考えると、何を一番大事にするべきかな？
・会社の（君の）○○というパーパス（クレド）を実現する為には、どんな選択肢があるかな？

　部下の選択を尊重することは大切ですが、全て受け入れていいわけではありません。会社として守るべきルールが抜けている場合は、道を踏み外さないようにガイドするのも上司の役割です。そのためには、上司は自社のガバナンスやコンプライアンスを理解している必要があります。

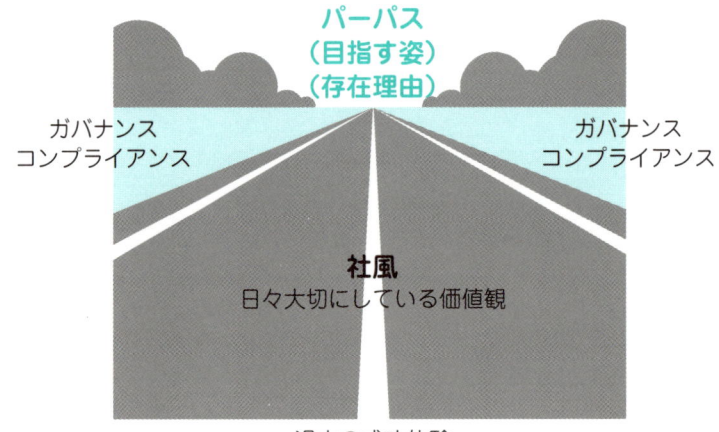

6-2

上司との定期的な1on1で
取り組み状況を共有する

5章で見た通り、常にパーパスの実現に向けて行動を続けるためには、定期的に1on1を続けることが大切です。日々の問いかけに加えて、1on1を行うことも中間管理職の大切な役割のひとつです。

理想的な1on1のペースは月に1回30分

上司の側から部下にパーパスの実行状況を問いかけることで、部下の積極的な行動を促進します。

●パーパス1on1のペースと注意点

みなさんの会社では1on1を実施していますか？ 人事評価時の面談はあっても、1on1を実施していない会社の方が多いのではないでしょうか？もしも1on1をしていないのであれば、この機会にパーパスをテーマに1on1を取り入れてみて下さい。

〈ペース〉

1on1は行動を促すペースメーカーです。頻度が高すぎると話題がなくなり、形骸化します。時間が空きすぎると、ペースがつくれません。お勧めは毎月1回、1回の時間は30分です。

〈注意点〉

仕事の進捗確認をする場ではありません。慣れないうちは仕事の延長線上になってしまいがちです。上司の方から「この時間はパーパスについて話をしましょう」と声をかけてください。

●パーパス1on1の例

・この1か月で自分のパーパスを体現した仕事に、どんなものがありましたか？

・この1か月で自分のパーパスに合っているか悩んだ行動は、何かありましたか？

・今取り組んでいるプロジェクトは、あなたのパーパスにとってどんな意味が
ありますか？

できていないことを指摘するのではなく、「この点は頑張っていたように見える
よ」とか「こんな行動に成長を感じたよ」など、承認のスキル（2－6、2－7）を使っ
て、部下をモチベートすることが大切です。

● 仕事とパーパスの紐付けを促す

「3人のレンガ職人」の話を知っていますか？

世界中をまわっている旅人が、とある町で3人のレンガ職人に出会い、「何をし
ているのですか？」と尋ねました。1人目は、「レンガを積んでいるだけ」と答え、
2人目は「家族を養うために、大きな壁をつくっている」と答え、3人目は「後世
の人々の幸せのために、歴史に残る大聖堂をつくっている」と答えたという話です。
ドラッカーも著書の中で、「マネジメントで大事なことは、自分の仕事の目的を理
解すること」という例えとして引用しています。

自分の取り組んでいる仕事が誰をどんな状態にすることにつながるのかを意識
することが、その仕事をする機会を与えてくれた会社へのエンゲージメントを高
めることにつながります。今現在取り組んでいる仕事の、個人的な意義と会社の
意義を紐付ける場こそパーパス1on1なのです。

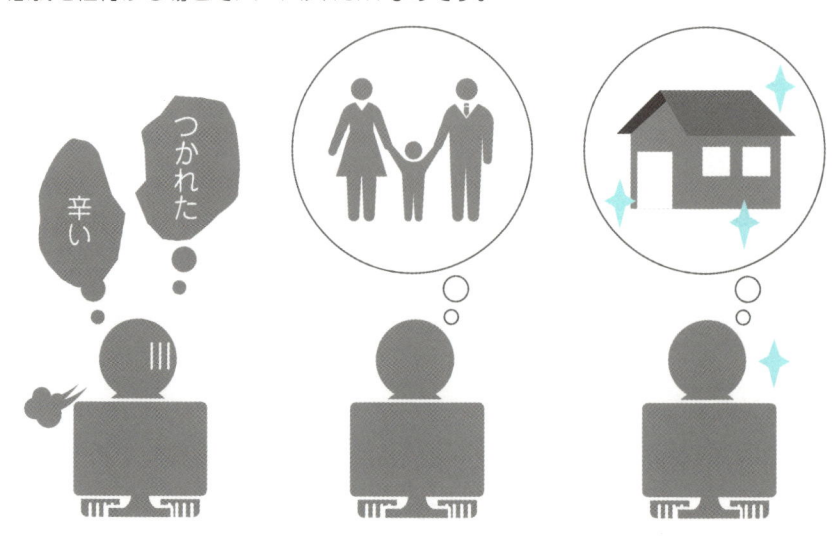

会社主催のワークショップへの参加を促す

パーパス活動を継続するための有効な方法のひとつが、部署と世代を越えたワークショップの開催です。ところが、ワークショップが開催されても、参加しなければ意味がありません。ワークショップのポイントと、参加を促す中間管理職の役割について説明します。

ワークショップの目的は、会社の自己開示と従業員同士の相互理解

年度のはじめに従業員向けに会社全体の状況や重要な方針を説明する会社は多くても、パーパスを梃子にエンゲージメントを高めるためのワークショップを開催している会社は少ないのが実態です。従業員の共感を呼びエンゲージメントを高めるという視点で考えた時、ワークショップの目的は従業員同士の相互理解です。知らない人とはつながりようがありません。従業員同士がお互いのことを知っていることがつながりを生み、エンゲージメントを高めることにつながります。

● パーパスワークショップの目的は、従業員同士の相互理解

実際のワークショップは、パーパスシートを使って行います。ふだん話したことのない人とペアを組んで、パーパスシートを使って自己紹介をします。

①話したことのない人とペアを組む

→脳は話をすることで活性化します。話す時間を長くするために、2人1組が理想です。

②パーパスシートを使って自己紹介をする

・名前と所属部署→仕事の内容を説明すると長くなるので、ここでは説明しません。

・私のパーパスとクレド

・会社を選んだ動機と、会社に貢献したいこと

・最近の実践したパーパスに沿った行動

＊聞き手の人は黙って最後まで聞き続けます。

③ペアの相手とディスカッションする（10分）

テーマ：日々のパーパスを実践する難しさは何ですか？

＊ここでも仕事の内容は最低限に留めます。

1ペアで15分程度、1時間のワークショップなら4人とつながりが持てます。

●中間管理職の役割

　現在の会社はどこも忙しく、人手不足を感じています。中間管理職の多くはプレーイングマネージャーで、自らも実務に追われています。ともすれば、直接仕事に関係ないことに部下の時間をとられることを避けたくなるものです。でも、部下のエンゲージメントを高めることが、パフォーマンスを上げる効果があることを学んだ今なら、ワークショップへの参加の大切さを理解できると思います。伴走型コーチの実践のひとつとして、部下をワークショップに参加させましょう。そして、自らもワークショップに参加し、つながりを広げる楽しさを味わいましょう。

経営陣の自己開示（MY パーパスとクレドの実施状況）

まずは自らが自己開示を行うことの大切さを、5章で学びました。会社全体で考えた時に、自己開示を行うべきは経営層です。経営層が実行すべき、自己開示のポイントについて説明します。

社長のパーパスが聞きたい！

全社集会やタウンミーティングなど呼び方は様々ですが、年度のはじめに従業員に向けて経営方針の説明会を開く会社は多いと思います。従業員の会社に対するエンゲージメント、つまりつながりを高めるには、経営方針を説明するだけでは不十分です。人は感情に共感し、つながるのです。会社の経営方針を説明しただけでは、会社は無機質なままであり、従業員は共感しようがありません。会社を代表する社長が自己開示することが、従業員の会社に対する共感を呼びつながりを高めます。

● パーパスをテーマとした自己開示のポイント

・個人の価値観や信念を語る

　　自分自身の価値観や人生の目的に基づいていると、より共感を得やすくなります。

・会社のパーパスとの共通点を語る

　　個人のパーパスが会社の目指す方向と一致していることが大切です。これにより、従業員もそのパーパスに共感しやすくなります。

・社会への貢献を強調

　　単に会社の利益や成功ではなく、社会にどう貢献できるかという広い視点を持つことで、リーダーとしての信頼感が高まります。

社長が個人的なパーパスを明確に持ち、それを従業員に伝えることで、会社全体が統一された目標に向かう力を強化し、組織のモチベーションを高めることが可能になります。

● 実際の例

・ユニクロ創業者 柳井正氏

　柳井正氏はユニクロの個人的なパーパスは非常にシンプルで明快です。柳井氏は「世界一の会社をつくり、日本一の会社では満足しない」といった発言をしています。柳井氏のパーパスは、単なるビジネスの成功だけではなく、日本のビジネス文化や常識を変え、グローバルで活躍する企業を育てることです。

　　　例：「私の使命は、ユニクロを通じて、より良い社会をつくることです。私たちの服を通じて、人々の生活をより快適に、そして幸せにする。それが私のパーパスです。そして、私たちの成長が日本だけでなく、世界の人々に新しい価値を提供するための一助となることを信じています」

・ソフトバンク創業者 孫正義氏

　孫正義氏は、革新的な技術を活用して社会を変革し、より良い未来をつくることをパーパスにしています。孫氏は「情報革命で人々を幸せにする」というビジョンを掲げ、事業を通じてその実現を目指しています。彼のパーパスは、ビジネスを通じて世界にポジティブなインパクトを与えることにあります。

　　　例：「私の個人的な使命は、情報革命によって世界をより良くすることです。技術の進歩を最大限に活用し、人々の生活を便利で豊かにし、社会の大きな課題を解決する。私はソフトバンクを通じて、イノベーションが世界中の人々の幸せにつながると信じています」

・日産自動車 社長 内田誠氏

　内田誠氏が社長としてリーダーシップを発揮した際、「技術革新と人々の生活を結びつける」というビジョンを強調しました。内田氏の個人的なパーパスは、日産が単なる自動車メーカーに留まらず、モビリティの未来を築き、人々の生活を豊かにすることに貢献することです。

例：「私自身のパーパスは、技術を通じて社会に貢献し、人々の生活をより良くすることです。自動車は単なる移動手段ではなく、人々の暮らしに新しい可能性を提供できるツールです。日産のリーダーとして、持続可能な未来に向けた新しいモビリティの実現に貢献していきたいと考えています」

　社長のパーパスと従業員の橋渡しをするのも、中間管理職の役割です。「社長のパーパスの○○というところに共感した」と自分の感想を伝えることで、部下たちの共感を促進しましょう。

第6章
STEP6【展開編】　継続できるような仕組みをつくる

MY パーパスの取り組みを
人事評価に組み込む

個人のパーパスを実現するために日常的に努力し続けることが、従業員の主体性を高め組織の収益向上に貢献することにつながります。個人の努力を促進するためには、人事評価に組み込むことが有効です。パーパス活動を促すことを目的とした、人事評価の組み込み方について説明します。

コンピテンシー評価と業績評価を使い分けて、個人のパーパス活動を促進する

人事評価におけるコンピテンシー評価と業績評価は、それぞれ異なる観点から従業員のパフォーマンスを評価する方法です。

● コンピテンシー評価と業績評価の違い

1. コンピテンシー評価

コンピテンシー評価は、従業員が仕事を遂行するために必要な「能力」「スキル」「態度」「行動」などを評価する手法です。具体的には、業務を成功させるために重要とされる行動特性や能力の発揮状況に焦点を当てます。

2. 業績評価

業績評価は、従業員が達成した成果や結果に基づいて評価を行う方法です。個人やチームが設定された目標に対してどれだけの成果を上げたか、または会社の期待するKPI（重要業績評価指標）をどの程度達成したかが評価基準となります。

コンピテンシー評価と業績評価はどちらも従業員の評価において重要な要素であり、併用することで、よりバランスのとれた評価が可能になります。コンピテンシー評価は将来のパフォーマンスを高めるための基盤を提供し、業績評価は現在の成果を正当に評価して報いる役割を果たします。

● パーパス活動はコンピテンシー評価で評価する

そもそもパーパスはすぐに成果が出るものではありません。成果を出すことにフォーカスすると、なかなか成果が上がらずにモチベーションが下がりかねません。モチベーションを下げないためには、行動を起こし続けることにフォーカスするべきです。そのためには、コンピテンシー評価で日頃の行動を評価することがポイントです。パーパスシートの「私のクレド」が実行できていたら、前向きにコンピテンシー評価で評価しましょう。

＊パーパスシートの「会社への貢献」で成果が出たら、業績評価で評価しましょう。

コンピテンシー評価と業績評価

	コンピテンシー評価	業績評価
特　徴	プロセス（能力・行動）に着目し、どのように仕事をしているかを評価する	結果（成果）に着目し、目標や成果の達成度合いを評価する
目　的	従業員の成長を促進する	成果に基づく報酬を決定する
評価対象	個人の能力や行動（スキル、知識、行動パターンなど）	達成した成果や目標（業績、売上、業務完了件数など）
評価項目（例）	リーダーシップ コミュニケーション能力 問題解決力 協調性など	売上目標の達成度合い プロジェクトを納期内に完了させたか 顧客満足度の改善率 改善提案件数など
評価結果の反映	基本給（昇進）	ボーナス
パーパスの評価方法	取り組み状況を評価する（クレドを評価）	会社の業績貢献を評価する（会社への貢献）

● 評価結果の反映

パーパスに沿って行動することで、エンゲージメントは高くなります。第1章で見た通り、ハイエンゲージ従業員は主体性が高く自発的に働き成長が早くなり、会社の業績にもプラスの貢献をします。コンピテンシー評価は将来のパフォーマンスを高める基盤を評価することですから、昇進の判断に反映されます。つまり、パーパスに沿って行動していることをコンピテンシー評価に反映させることで、自然と昇進が早くなるのです。

サーベイで実施状況を評価する

従業員サーベイを成功させるには、明確な目的の設定、質問設計の工夫、回答者の負担軽減、フィードバックのアクション実施が不可欠です。従業員が信頼し、安心して回答できる環境を整え、サーベイ後には適切なアクションをとることで、エンゲージメントの向上が持続的に進みます。一方で、エンゲージメントを調査するサーベイの多くが、本音を表していないのが実態です。パーパスを梃子にしたエンゲージメント向上活動の場合のポイントを説明します。

エンゲージメント向上サーベイは、結果よりも活動実態にフォーカス

　まず押さえておきたいのは、エンゲージメントは従業員満足度ではないということです。そして同時にエンゲージメントが主観であることも忘れてはいけません。

● 従業員満足度との違い

　従業員満足度の視点は、「従業員の要望に対して会社がどれだけ応えているか」です。その内容は主に職場環境や労働条件にフォーカスされることが多い傾向にあります。従業員はコストや法令などの制約条件を知らずに要望を出します。会社としてその全てに応えることができないのは当然なのですが、従業員側は失望を感じます。また、応えられた場合でも、満足度合が上がるのは要望が叶えられた時だけです。例えば、コロナ禍で在宅勤務が導入された時は会社に対する感謝が高まりましたが、コロナ禍が終わり出勤が元通りになると不満が高まることでも理解できると思います。一度改善された職場環境や労働条件は、慣れとともに当たり前になってしまいます。従業員満足度調査は要望に応えられないと不満が高まり、応えたとしてもそれによってエンゲージメントがあがるのは短い期間です。つまり、従業員満足度を聞くことは満足度を上げる効果よりも下げるリスクの方が高いのです。

● エンゲージメントサーベイのポイント

　エンゲージメントを高めるには、日々接している中間管理職が伴走型コーチとして関わることが重要であり、その具体的な行動がパーパスの一致点を増やすことだということを理解しました。エンゲージメントは従業員の感情であり、エンゲージメントをテーマにした1on1を実施していたとしても効果が出るまでには時間がかかります。その前提に立って考えた時、エンゲージメントサーベイの目的は1on1の量と質の向上です。1on1の量と質について、1on1を受ける一般従業員にサーベイし、1on1を実施する管理職にフィードバックしましょう。

・1on1の実施状況

　「毎月パーパスをテーマに1on1が行われていますか？」

　「1回の時間は30分以上かけられていますか？」

・1on1の質

　「1on1ではパーパスに関して十分に話を聞いてもらえていますか？」

　「1on1では新たな視点やモチベーションを得られていますか？」

第 **7** 章

具体的なケーススタディ
～SOMPOの場合～

新しいチャレンジをする際には、具体的なモデルが必要です。この章ではパーパスを起点に従業員エンゲージメントを向上することに取り組んでいるSOMPOグループをモデルに、同社の具体的な取り組みを学びます。また同時に、エンゲージメント向上に取り組む企業の共通点について見ていくことで、取り組みの解像度を上げていきたいと思います。

SOMPOがパーパス経営を始めた理由

SOMPOがパーパス経営を始めた理由は社会環境のパラダイムシフトと、自社の事業構成の変化へ対応するためです。その根底には、社会の変化に立ち向かうためには個人の強力なパワーが必要だという強い信念があります。

SOMPOグループのパーパス

SOMPOのパーパス経営を生み出し牽引したのは、2024年3月までCEOを務めた櫻田謙悟氏です。櫻田氏は当時、SOMPOがパーパス経営に取り組む理由をこのように話しています。

・目的は、SOMPOならではのパーパス経営により「なくてはならない」存在になること。

・VUCAという時代環境の中で、コロナ禍や異常気象、災害や紛争など過去の延長では考えもおよばないことが立て続けに起こっている。

・このような環境に対応するために、祖業の国内損害保険に加え海外損害保険、国内生命保険、介護、デジタルという多様な事業に取り組んできた。これら全ての事業部門が目指す共通の目的「パーパス」が必要。

・主体性を持った個人の集合体が、能動的に考え、イノベーションを起こし続ける必要がある。

櫻田氏が掲げた「安心・安全・健康のテーマパーク」というビジョンを更に社員に浸透させるために、社員自らが「あらゆる人が自分らしい人生を健康で豊かに楽しむ社会を実現する」という具体的な目的を加えて、企業パーパスができあがりました。つまり、SOMPOのパーパスは、トップの想いと社員の想いの共同作品だと言えます。SOMPOのパーパス経営から学ぶべきことは、次の3点です。

＊本章はSOMPOホールディングスの「統合レポート2023」に基づき同社グループへの取材をもとに筆者が作成しました。

・パーパスがないと時代の変化に対応できない
・時代の変化に対応するためには、主体性の高い従業員の集合体でなければならない
・パーパスを従業員に浸透させるためには、トップと従業員の共同作品であることが必要

第7章　具体的なケーススタディ〜SOMPOの場合〜

財務価値向上

ROE向上/利益安定化

レジリエンスの強化

① 規模と分散

② コングロマリット・
プレミアム
〜One SOMPO〜

社会価値の
財務価値

財務・顧客
基盤の提供

鍵となるデジタル戦略　ホライゾン **1** DX　ホライゾン **2** RD

国内損害保険事業
（損害保険ジャパン）

海外保険事業
（SOMPOインターナショナル）

国内生命保険事業
（SOMPOひまわり生命

連結経常収益
4兆6,071億円

修正連結利益
1,522億円

ーパス

社会価値の
財務価値化

財務・顧客
基盤の提供

社会価値創出

『egaku』の拡大/新たなサービス

データなどを起点に「つなぐ・つながる」

| ① リアルデータプラット
フォーム(RDP) | ② 健康応援などの
新たな価値提供 |

ン **2** RDP

ホライゾン **3** WEB3・AI時代へ

命保険事業
まわり生命保険)

介護・シニア事業
(SOMPOケア)

デジタル事業
(SOMPO Light Vortex)

役職員数
74,654人

展開地域
27か国・地域

SOMPOがMYパーパスを起点にする理由

SOMPOがMYパーパスを経営の起点にしている理由は、従業員一人ひとりが自分の人生の目的や働く意義を明確にすることで、より強いエンゲージメントが促進されると考えるからです。この強いエンゲージメントをエネルギーに、従業員一人ひとりが自立的に行動し、社会的課題に対しても積極的に新しいビジネスを創出することを期待しています。

パーパス経営の原動力

　SOMPOは「会社の中に人生を置く」という考え方から「自分の人生の中に会社を置く」という考え方へ、働き方のパラダイムシフトが進んでいると認識しています。このような時代には、何よりもまず従業員一人ひとりが自分のパーパスと向き合うことが大切だと考えています。

自分の人生の中に会社を置くイメージ

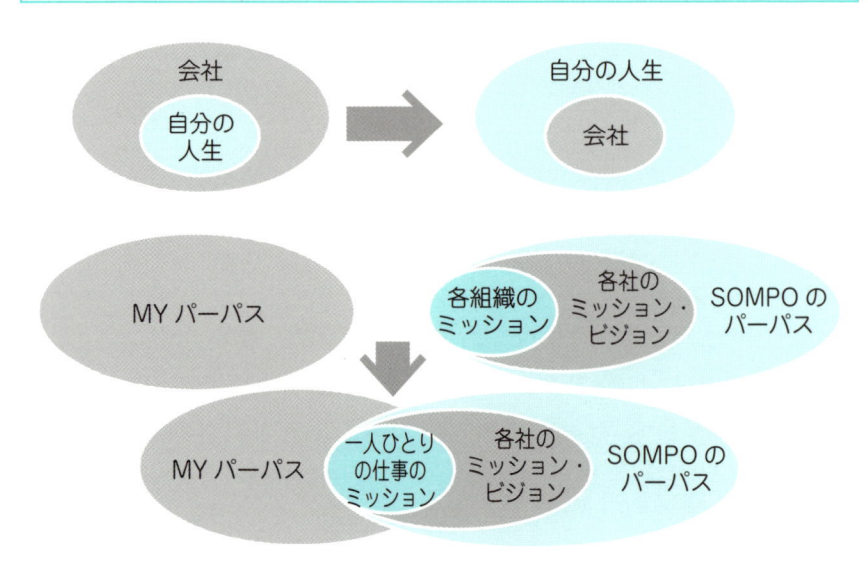

●MYパーパスとは、すでに自分自身の内側に持っているもの

　SOMPOが考えるMYパーパスとは、自分自身はどのような人間なのか、自分にとっての幸せとは何か、自分自身が人生において成し遂げたいことは何か、といった「人生の目的」あるいは「働く意義」を指します。つまり、MYパーパスとは新たに発明するものではなく、すでに自分自身の内側にあるものを発見することなのです。MYパーパスは言語化されることで、原動力として活用し続けることができると考えています。

　言語化の観点として「WANT（内発的動機）」「MUST（社会的責務）」「CAN（保有能力）」を挙げています。この3つの観点が重なる部分を、自らを突き動かすもの＝「志」としてMYパーパスと呼んでいます。

MYパーパスのイメージ

内発的動機 WANT ── 最も、あなたの心が動く瞬間は？「〜したい！」

社会的責務 MUST ── あなたが解決すべき、社会の課題は？「〜すべき！」

保有能力 CAN ── 運命が、あなたに与えた能力は？「〜できる！」

MY パーパス
「3 つの輪」が重なった部分が
自らを突き動かすもの＝「志」

●MYパーパスが原動力

　SOMPOはMYパーパスこそが企業パーパスを実現する原動力だと考えています。お互いのMYパーパスを尊重し多様な価値観を認め合う。このようなI&D（インクルージョン＆ダイバーシティ）にあふれる職場で、社員一人ひとりが自分らしさ、幸福感、やりがいを実感してエンゲージメント高く働く。そして、MYパーパスに突き動かされてチャレンジを繰り返し、イノベーションを生み出す。これが当たり前となるカルチャーを醸成することを目指しています。

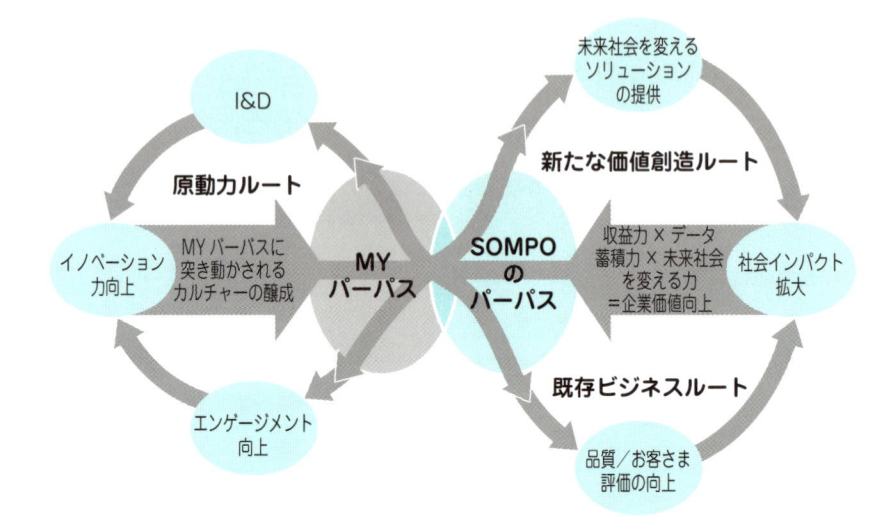

会社は個人の集合体です。時代に立ち向かう強い会社にするためには、社員一人ひとりが強い個人でなければならないとSOMPOは考えています。強い志を持ったエンゲージメントの高い社員が、企業を強くするのです。

SOMPOの考えるパーパス経営

SOMPOのパーパス
"安心・安全・健康のテーマパーク"

SOMPOの人材・組織変革の目的達成

一人ひとりがやりがいや幸せを実感	圧倒的に高い生産性を実現

3つのコア・バリューを共有する人材集団の実現

ミッション・ドリブン	プロフェッショナリズム	ダイバーシティ＆インクルージョン
使命感とやりがいを感じ、当事者意識を持って働く	高い専門性と倫理観に基づき、自律的に行動し成果につなげる	多様性の重要性を理解し、それを新たな価値創造に結びつける

MYパーパスの追求

SOMPOの具体的な取り組み

> SOMPOは「トップの発信」「現場の1on1」「活動の表彰」の3つの活動を中心に、パーパス経営を実践しています。その中でも中心となるのはMYパーパスの喚起であり、1on1が活動の中心です。

MYパーパス1on1を中心にしたエンゲージメント向上活動の実践

●MYパーパス策定支援

SOMPOの活動の中で、最も多くの時間を使っているのが「現場での1on1」です。SOMPOでは社員一人ひとりのMYパーパス策定を支援するために、「MYパーパス導入研修」を展開しています。研修は、いつでも、誰でもMYパーパス策定に取り組めるように、グループ横断で毎月定期開催しています。研修では、外部講師を招き、MYパーパスが必要となる背景や、MYパーパスを作成する手法を解説するとともに、すでにMYパーパスを作成した社員がパネリストとして登壇し、自身のMYパーパスや作成の体験談、その後の自身の変化などを伝えることで、研修参加者ができるだけ前向きな気持ちでMYパーパスの策定に取り組めるような工夫が施されています。

●MYパーパスを深掘りするMYパーパス1on1

SOMPOの職場では、MYパーパスをテーマとした対話のトレーニングを受けた職場の上司が、部下のMYパーパス策定および深掘りの支援を行い、各個人が作成したMYパーパスの深掘りを行っていきます。1on1は1回30分で、標準化されたフローに沿って進められます。対話のトレーニングのために、国内の全マネジメント層を対象にグループ横断で「MYパーパス1on1研修」が実施されています。研修は複数のプログラムに分かれており、マネジメント層自身のMYパーパスの作成からメンバーとのMYパーパスに基づく対話の手法、標準化された対話のフローまでを総合的に学ぶプログラムとなっています。また、複数のプログラムの間には必ず職場での実践期間を設け、インプットとアウトプットを繰り返すことで、マネ

ジメント層のスキルを定着させるとともに、社員一人ひとりのMYパーパスに基づく働き方の定着を目指しています。

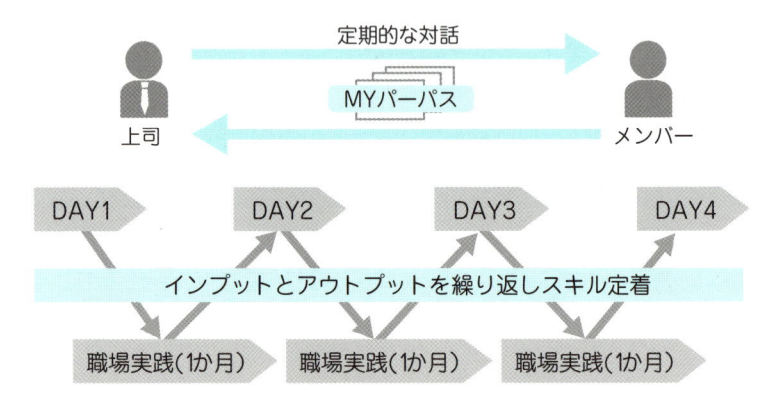

MYパーパス1on1

MYパーパスをベースとした上司との定期的な対話

定期的な対話
MYパーパス
上司　　メンバー

DAY1　DAY2　DAY3　DAY4

インプットとアウトプットを繰り返しスキル定着

職場実践(1か月)　職場実践(1か月)　職場実践(1か月)

●MYパーパスの課題

SOMPOが感じている活動の課題を挙げてみました。

- 現場の草の根活動が理想だが、スピードが遅い
- MYパーパス1on1研修は社内で企画運営することが理想だが、外部に委託している
- 活動のキーマンは課長層。成功体験のある人を集めてコミュニティーをつくっている

　活動を実践してきたSOMPOだからこそ感じる課題であり、これから活動を始める会社にとっても、大いに参考になると思います。

7-4

従業員エンゲージメント向上活動を実施する企業の共通点

従業員エンゲージメント向上に取り組む企業に共通するのは、従業員個々の内発的な動機こそが企業の活力のエンジンであるという信念です。それは机上の理想論ではありません。会社の存続が危うくなった経験からくる強い危機感こそが、各社に共通する活動のエネルギーです。

強い危機感を共有することがエンゲージメント向上活動のエネルギー

● 強烈な危機感と内的モチベーションの信頼が共通点

SOMPOのように、パーパスの起点として従業員エンゲージメント向上に取り組む企業が増えてきています。ここでは、日産自動車、サントリー、リクルートをモデルに、これらの企業の共通点からポイントを学びたいと思います。

SOMPOを含めた各社の共通点は「パーパスがないと会社がなくなってしまう」という強烈な危機感です。

各企業の取り組み

	パーパス	危　機
SOMPOホールディング	"安心・安全・健康のテーマパーク"により、あらゆる人が自分らしい人生を健康で豊かに楽しむことができる社会を実現する	自動車保険金不正請求問題、企業向け保険料の調整　等
日産自動車	日々の生活を豊かに。イノベーションをドライブし続ける	1999年経営危機、2018年特別背任罪によりゴーンが、金融商品取引法違反により起訴される
サントリー	人と自然と響き合い、豊かな生活文化を創造し、「人間の生命の輝き」をめざす	ビール事業が2008年に黒字化するまで45年間連続営業赤字
リクルート	Follow Your Heart 一人ひとりが、自分に素直に、自分で決める、自分らしい人生。本当に大切なことに夢中になれるとき、人や組織は、より良い未来を生み出せると信じています	1988年リクルート事件 1992年バブル崩壊による巨額の有利子負債（2006年完済）

第7章　具体的なケーススタディ〜SOMPOの場合〜

SOMPOグループにおいて櫻田氏の後を引き継いだ奥村幹夫CEOは「厳しい環境を直視することが必要」だと強く主張しています。

人間は前向きな夢だけでは、頑張り続けることはできません。あの時に戻りたくないという強い思いこそが、頑張り続けるエネルギーとなります。常に社員が入れ替わる中、過去における強烈な危機感を共有し続けることが必要なのです。

● 個人の内的モチベーションを大切にする信念

日産自動車は1999年の経営危機の際に、「The power comes from inside」という言葉を掲げました。企業パーパスが策定され、クレドとしての「日産WAY」が変化していく中、この言葉は現在でも変わらずに掲げ続けられています。「全ては一人ひとりの意欲から始まる」というこの言葉こそ、日産自動車の信念なのです。

同様に、SOMPOは「社員一人ひとりの内なる想いが、SOMPOのパーパスを実現させる」というメッセージを掲げています。サントリーの「やってみなはれ」、リクルートの「個の尊重／Bet on Passion　すべては好奇心から始まる。一人ひとりの好奇心が、抑えられない情熱を生み、その違いが価値を創る」というメッセージも同様です。個人の内的モチベーション、言い換えると個人の想いに対する信頼が共通点なのです。

第 8 章

こんな時どうする？
あるあるトラブル
シューティング

MYパーパスを起点にエンゲージメント向上活動を行う過程で、想定していなかった様々なトラブルが起きます。そんな時の対応方法をまとめました。活動を円滑に進めるためには、事前にトラブルを想定しておくことが必須です。ぜひ参考にしてください。

8-1

企業パーパスを策定することに対する経営陣の理解が得られない

経営層は勉強家です。ビジネス理論の進化に合わせて、これまでにもビジョン・ミッションの策定やその他の様々な取り組みを行ってきたはずです。その取り組みがうまく機能していないことに対する不満が、新しい取り組みに対する不信感を生みます。新しい取り組みに対する信頼感を上げることがポイントです。

論理・心理両面からのアプローチが有効

　様々な理論を学び取り組んできた経験が多いほど現状に対する不満が大きく、新しい取り組みに対する不信感も大きいものです。人間は論理よりも感情で判断します。思考力が高い経営者には、論理的な説明はもちろんですが、心理的なアプローチもあわせて行うことが欠かせません。

● 論理的アプローチ：企業パーパスを策定する目的とステップを説明する

・企業パーパスを策定する目的

　　企業パーパスを策定することで、従業員は自己のパーパスとの一致点を見つけやすくなり、エンゲージメントが向上します。従業員エンゲージメントを上げる効果は、働き方改革への対応や、従業員の定着、企業倫理的な社会ニーズなど、様々な目的が挙げられますが、その全ては業績アップにつながります。つまり、企業パーパスを策定することは、収益の向上につながるのです。

　　【参考】1−3「従業員エンゲージメントを高める目的は業績アップ」

企業パーパス策定の目的

従業員サイド　　　　　　　　**会社サイド**

継続的な収益アップ

ハイエンゲージ従業員の増加

エンゲージメントの向上

個人パーパス　　　←　パーパス 1on1　→　　企業パーパス

日常的な問いかけ

伴走型コーチ

積極的な理解

・企業パーパスを策定するステップ

　　企業パーパスを策定する過程で大事なのは、一般層の共感です。若い一般層社員の想いをベースに、管理職、経営者が階層ごとに厚みを持たせながら玉成していくことが理想です。

　　【参考】3－2「パーパス経営のメリットと作成のステップ」

パーパスが組織を向上させるイメージ

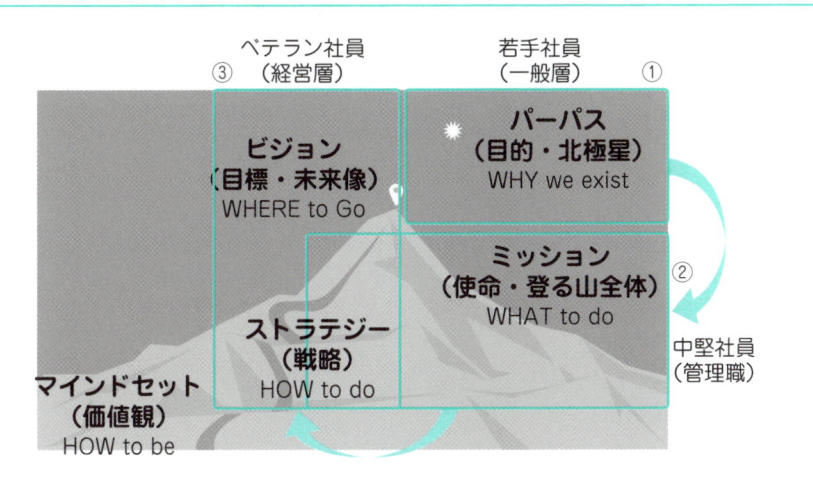

ベテラン社員　　　　　若手社員
③ （経営層）　　　　（一般層）　①

ビジョン（目標・未来像） WHERE to Go

パーパス（目的・北極星） WHY we exist

ミッション（使命・登る山全体） WHAT to do　②

ストラテジー（戦略） HOW to do

中堅社員（管理職）

マインドセット（価値観） HOW to be

企業パーパスはつくって終わりではありません。従業員が日常的にパーパス実現のために行動を続けなければ、パーパスを策定する意味はありません。従業員の積極的な行動を促すには、中間管理職が伴走型コーチとして関わることが必要です。

【参考】1-7「従業員エンゲージメントを高めるための管理職の役割」

● 心理的アプローチ

　いきなり企業パーパスをつくる前に、経営者自らのパーパスをつくって体感してもらうことでパーパスをつくることに共感を促します。

　経営者自身のパーパスシートを作ってもらうのが理想ですが、入社の動機とこれまでの会社人生の喜怒哀楽を言語化するだけでも体験することができます。実際にこのシートをつくって話をしてもらうと、ほとんどの経営者が「久しぶりに自分のことを話したよ」と明るい顔になります。「パーパスを考える過程で、従業員も会社も明るくなります」と言えば、共感してくれます。

MY パーパス（私の存在意義）

入社の動機
今まで大事にしてきたこと（価値観）
嬉しかった思い出
お世話になった人、目標にしてきた人
これからも大事にしていきたいこと（価値観）
達成したい目標
目標が達成できたら何が嬉しいか

管理職がマネジメントスタイルを
コーチングに変えることに同意しない

何か新しいことを始める時には、人間は誰しも不安になります。それは、現在の自分が否定される心理的恐怖心が芽生えるからです。まずは、その恐怖心を取り除くことに取り組みましょう。

変化を小さくして変化に対する不安を取り除く

　理論面と心理面のアプローチが必要なのは経営層と同じですが、経営層に比べてマネジメント経験が浅い管理職層に対しては、先ずは心理的アプローチを優先します。

● 心理的アプローチ：今までの指導法＋コーチングで効果を二倍にする

　コーチングには「パフォーマンス（行動結果）＝ポテンシャル（実力）ーインターフェア（障害）」という公式があります。つまり、何かが邪魔をして実力を発揮できないという状態です。昭和の指導法は実力を上げることを指導しますが、邪魔をしているものを除いてあげる方が有効な場合もあります。気球を上げたければ、火を強くするのではなく、おもりを取り除く方が早いのと同じです。今までの実力を上げる昭和型の指導法を捨てるのではなく、障害を取り除く関わり方も使えるようになれば、効果は2倍になるはずです。

　「マネジメントには4つのタイプがある。今のマネジメントに加えてコーチングも使えるようになればいいだけ」と説明してあげましょう。

　【参考】2－1「管理職を伴走型コーチに変える」

4タイプの使い分け

教える

課題解決

Consultant
（コンサルタント）

Trainer
（トレーナー）

成長

Counsellor
（カウンセラー）

Coach
（コーチ）

考えさせる

MYパーパスをつくれない
従業員への対応

人生の目的を持っていない人間は一人もいません。MYパーパスをつくれない従業員は、「自覚する→言語化する→恐れずに話す」のどこかの段階で止まっています。止まっている段階ごとに、その対処方法をお伝えします。

壁を乗り越えさせる時こそ管理職の腕の見せ所

　MYパーパスがつくれずに立ち止まっている段階ごとに、その解決法の例を挙げます。参考にしてみてください。

● 自覚していない

　自分が大事にしてきた価値観の中にMYパーパスがあります。これまでの人生を振り返ってもらいましょう。人生を振り返るワークには「ライフラインチャート」と「タイムライン」があります。本人の「ライフラインチャート」を台本に、「タイムライン」を一緒に歩きましょう。一緒に歩くことで共感が生まれ、話しやすくなるはずです。

　【参考】4-1「ライフラインチャートで自分の人生を振り返る」

　【参考】5-5「MYパーパス1on1の進め方②タイムラインを一緒に歩く」

● 言語化できない

　言語化できない時は、自分の中にしっくりくる言葉がないことが考えられます。そんな場合は、「価値のリスト」を使いましょう。価値のリストを使う時に気をつけなければいけないのは、正解探しにならないことです。人間は誰しも正解を探すクセがあります。価値のリストからひとつを選ばせると正解があるのではないかと気になってしまいます。まずは好きな言葉を全て選んでもらい、その後で「自分の価値観を言葉にするとどんな言葉になる？」とオープンクエスチョンで質問して自由に答えてもらいましょう。

　【参照】4-5「自分の人生のパーパスを発見し言語化する」

● 恐れずに話す

　パーパスを見つけ言語化もできている様子なのに、それを話すことを躊躇している場合は評価を恐れている場合があります。MYパーパスそのものは人事評価の対象にしないことを宣言しましょう。会話の中で「評価」をしてしまうとせっかくの宣言も台無しです。くれぐれも「評価」はしないでください。もうひとつ心がけてほしいのは「ペーシング」です。部下の話すスピードに合わせて、身振り手振りを合わせて、部下の使う言葉をオウム返しして、沈黙を受け入れてあげることで、部下を話しやすくしてあげてください。

　【参照】2－5「傾聴のスキル②ペーシング」

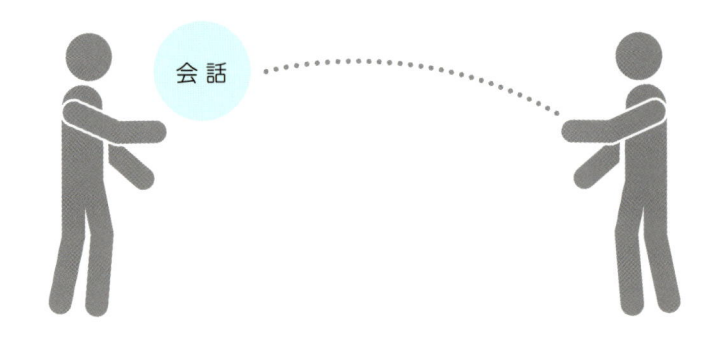

8-4

MYパーパスと自社パーパスとの一致点がない従業員への対応

MYパーパスと自社のパーパスとの一致点がないと思っている従業員は、自社のパーパスの理解度が足りていないことが考えられます。そんな時は、会社のパーパスをより深く理解している上司のサポートが必要です。部下のMYパーパスと会社のパーパスの一致点を探すコツをお伝えします。

一致点を考える3つの視点「ストーリー」「つくりたい世界」「会社の利用方法」

部下にMYパーパスを説明してもらった後で、3つの視点で部下と一緒に一致点を考えてみましょう。

● ストーリーで考える

会社の歴史をストーリーで考えて擬人化することで、理解を深めることができます。

①会社のヒーローズジャーニーを見ながら、擬人化してみる

うちの会社を人にたとえると「どんなピンチ（チャンス）があったのか？」「何をやりたかったのか？」「人生の中で得たものは何か？」「一言で言うとどんな人生だったのか？」

②自社のストーリーで共感できる部分を探す

「会社の人生の中で、あなたはどこに共感する？」

③共感した理由を言語化する

「そこに共感した理由は何？」

【参考】3－4「パーパスをつくる②ワクワクする未来を実現する戦略を考える」

● つくりたい世界を考える

① 会社がパーパスで掲げる創り出したい世界が実現できた時のメリットを、「自分／他者」「有形／無形」の4ブロックで挙げてみる。

② 共感できるメリットを選ぶ

③ 共感できる理由を言語化する

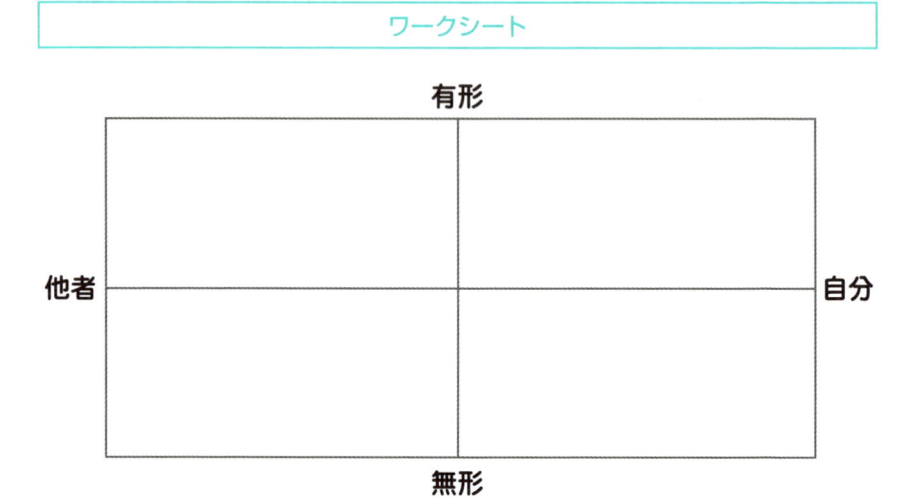

ワークシート

● 会社の利用法を考える

パーパスシートの「会社に対する貢献」と考えると、会社を中心に考えてしまいます。反対に自分中心に考えることで、一致点が見えてきます。

①MYパーパスを実現するために、会社の利用方法を考える

「自分のパーパスを実現するために会社を好きに使えるとしたら、どんな風に利用したい?」と質問してみる。

②利用法を具体化する

会社の利用方法を5W1Hのオープンクエスチョンで具体化する

（例）どの部署を、誰を、どんなリソース（ヒト、モノ、カネ）を使って、いつまでに

③具体化された利用方法をゴールデンサークルで整理する

（例）WHY：○○という私のパーパスを実現するために、

HOW：会社の△△を使って

WHAT：××を実行します

MYパーパスをつくったら転職する従業員が増えた

MYパーパスをつくる中で新たな人生の目標が明確になり、転職していく従業員が増えることが心配されます。ここでも大切なのは、日常的に関わる上司の関わり方です。転職を防止するための、上司の関わり方について考えます。

大事なのは上司自身がハイエンゲージであること

主体性を高める本来の目的は、会社と強くつながるハイエンゲージ従業員を増やすこととはいえ、MYパーパスで主体性を高めることで従業員が自分のキャリアを見直し、転職を志向する人が増える可能性はあります。それでなくても雇用流動性が高まっている社会環境の中で、主体性の高い従業員を引き留めるポイントは上司のマインドセットです。

● 上司自身がハイエンゲージであることがポイント

ここまで「ハイエンゲージ従業員を増やすポイントは管理職である」ことを見てきました。それでは、管理職自身のエンゲージメントが低ければどうなるでしょう？部下の相談に対して「どうせうちの会社は…」的な言動をしていれば、主体性が高い部下ほど転職してしまいます。でも心配することはありません。本書の活動の中で、必ず管理職自身のエンゲージメントが高まります。管理職のエンゲージメントが上がれば、長期的には部下のエンゲージメントも上がり、退職者は減ります。逆に、自社のパーパスに共感するハイエンゲージな従業員の雇用が増えることでしょう。

もしも経営層が転職者の増加を心配するようであれば、「自社の管理職を信じられませんか？」と問いかけてみてください。

おわりに

　本書を最後までお読みいただき、本当にありがとうございました。あなたのお役に立つ気づきや、職場で具体的に使ってみたい具体策を手に入れることはできましたでしょうか？

　本書は「従業員エンゲージメント」という古くて新しいテーマについて書かせて頂きましたが、その根底にあるのは日本企業と中間管理職に対する信頼と応援です。

　私は町工場の経営者である父の影響で経営に興味を持ち、大学では日本的経営論について取り組みました。その過程で日本的経営の三種の神器である「終身雇用・年功制・企業別組合」は従業員に安心と愛社精神を与える制度だという気づきを得ました。高度成長という外部環境の「やる気」と、内部的な安心と愛社精神が日本企業の成長を支えてきたのです。つまり、日本企業はもともと安心と愛社精神を大切にする文化を持っていたのです。高度成長という外部環境も三種の神器という制度もなくなってしまいましたが、日本企業がもともと持っていた安心と愛社精神という文化を新しい仕組みにつくり変えさえすれば、また日本企業の活力が戻るはずだと思っています。

　その仕組みがパーパスとコーチングであり、そのキーマンは中間管理職です。つまり中間管理職こそが、日本企業の新たな活躍を担っているのです。

　文末に紙面を借りて、感謝を伝えさせてください。

・日産トレーディングと日産自動車で出会った全てのみなさんへ

大学を卒業後新卒で入社した日産トレーデイングでは、常に実力以上の仕事に取り組ませてもらいました。その中でコーチングと出会い、実践する場を得ることができました。そして何よりも、日産自動車と共に、そこで出会った人たちとのおかげで、入社以来好きでい続けることができました。日産自動車は素晴らしい歴史と文化を持っています。現在取り組んでいるパーパス経営を一歩進めて、゛企業パーパスと全従業員一人ひとりのマイパーパスを一致させることが１００年に一度の変革期を乗り越える鍵だと思います。

・日産のビジネスの中で出会った多くの取引先のみなさんへ

みなさんのおかげで、たくさんの気づきと学びを得ることができました。みなさんと出会っていなければ、日本企業の良さを深く考えることはできなかったと思います。

・中央大学経済学部田中拓男教授へ

日本的経営をテーマに書いた私の卒論に対して「大学の教授が評価をする内容ではない。社会に出て実践する中で評価を受けなさい」という宿題を与えてくれました。あの時の一言があったからこそ、40年間の社会人経験の中で、常に「日本的経営」というテーマを持ち続けることができました。この本を卒論の書き直しとして提出させて頂きます。

・コーチングの社外クライアントのみなさんへ

みなさんの出会いと信頼が私のコーチとしての大きな財産です。

・ネクストサービス株式会社の松尾昭仁先生へ

松尾先生のおかげで本に想いを乗せて世に出すことの大切さを知ることができました。

　そして最後に、一番近くで応援し続けてくれた妻裕美子に感謝を伝えたいと思います。

　本書が日本企業の新たな活躍の一助となれば、望外の喜びです。

境 修

参考文献

『パーパス経営』名和高司著（東洋経済新報社）

『パーパスドリブンな組織のつくり方』永井恒男・後藤照典著（日本能率協会マネジメントセンター）

『「カルチャー」を経営のど真ん中に据える』遠藤功著（東洋経済新報社）

『心理的安全性をつくる言葉55』原田将嗣著　石井遼介監修（飛鳥新社）

『心理的安全性のつくりかた』石井遼介著（日本能率協会マネジメントセンター）

『図解入門ビジネス　マネジメントに役立つ　心理的安全性がよくわかる本』広江朋紀（秀和システム）

『コーチング・バイブル』CTIジャパン訳（東洋経済新報社）

『コーチングの基本』コーチ・エィ（日本実業出版社）

『セルフトーク・マネジメントのすすめ』鈴木義幸著（日本実業出版社）

『承認が人を動かす』鈴木義幸著（ディスカヴァー・トゥエンティワン）

『コーチング・マネジメント』伊藤守著（ディスカヴァー・トゥエンティワン）

『ダイアローグ・マネジメント』ケネス・J・ガーゲン、ロネ・ヒエストウッド著（ディスカヴァー・トゥエンティワン）

『3分間コーチ』伊藤守著（ディスカヴァー・トゥエンティワン）

『絵で学ぶコーチング』伊藤守著（日本経団連出版）

『ザ・コーチ最高の自分に気づく本』谷口貴彦著（小学館）

『コーチングの神様が教える『できる人』の法則』マーシャル・ゴールドスミス著（日本経済新聞出版社）

『問いかけの作法』安斎勇樹著（ディスカヴァー・トゥエンティワン）

『よい質問をする技術』粟津恭一郎著（ダイヤモンド社）

『大人の『非認知能力』を鍛える25の質問』ボーク重子著（ディスカヴァー・トゥエンティワン）

『図解入門ビジネス　マネジメントに役立つ　1on1の基本と実践がよくわかる本』寺内健朗・島田友和著（秀和システム）

『マネジメント［エッセンシャル版］』P・F・ドラッカー著（ダイヤモンド社）

『日産V-upの挑戦』日産自動車株式会社V-up推進・改善支援チーム著（中央経済社）

『日産驚異の会議』漆原次郎著（東洋経済新報社）

『さあ、才能に目覚めよう』マーカス・バッキンガム、ロナルド・O・クリフトン著（日本経済新聞出版社）

『ストレングス・リーダーシップ』トム・ラス＆バリー・コンチー著（日本経済新聞出版）

『NLPの教科書』前田忠志著（実務教育出版）

『サーバントリーダーシップ』ロバート・K・グリーンリーフ著（英治出版）

『サーバントであれ』 ロバート・K・グリーンリーフ著（英治出版）

『セルフ：キャリアドック入門』高橋浩、増井一著（金子書房）

『キャリアコンサルティング理論と実践』木村周著（雇用問題研究会）

『ニュータイプの時代』山口周著（ダイヤモンド社）

『ライフシフト』リンダ・グラットン、アンドリュー・スコット著（東洋経済新報社）

『人口と日本経済』吉川洋著（中央公論新社）

『最高のコーチは教えない』吉井理人著（ディスカヴァー・トゥエンティワン）

『機嫌のいいチームをつくる』吉井理人著（ディスカヴァー・トゥエンティワン）

『常勝集団のプリンシプル』岩出雅之著（日経BP）

『逆境を楽しむ力』岩出雅之著（日経BP）

『目標達成のルール』原田隆史著（日経BP）

『スポーツメンタルコーチング』柘植陽一郎、柘植晴永著（イースト・プレス）

『最強の選手・チームを育てるスポーツメンタルコーチング』柘植陽一郎著（洋泉社）

『組織の未来は『従業員体験』で変わる』上林修平、松林博文著（英治出版）

「SOMPOホールディングス　統合レポート２０２３」SOMPOホールディングス

索引 index

索
引

著者

境修（さかい おさむ）

東京下町の町工場を経営する家に育ち、中央大学経済学部を卒業した後に日産自動車グループの総合商社である日産トレーディングに入社。商社マンとして世界10か国以上を飛び回り日産自動車の鋼材調達に活躍する。2004年に日産グループの社内コンサルタントの最上位資格を取得。50歳の時に日産自動車のインド工場建設における鋼材調達スキーム立ち上げの陣頭指揮を執り、その後に管理部門に活躍の場を移す。業務改善スキルとコーチングスキルを活かした部下指導力が評価されて役員に就任。役職定年を迎えた現在も、自身が開発したコーチ育成オリジナルプログラムを使って、管理職のマネジメントスキル向上に取り組んでいる。会社勤務と並行して個人事務所コーチング・ラボSomethingを開業。コーチング関連の7つの資格をもとに、クライアントに合わせたコーチングスキルで対応ができるのが強み。心理的な障害を取り除くことでポテンシャルを開放し、パフォーマンスを向上させるプロフェッショナルとして高い評価を得ている。コーチングセッションは年間100時間を超え、コーチングに対する深い造詣と幅広い趣味を活かした講演もファンが多く、年間500人以上を動員している。

【保有資格】
・（一財）生涯学習開発財団＆コーチ・エィ認定マスターコーチ（ビジネスコーチング）
・（一社）日本スポーツコーチング協会認定コーチ（スポーツ指導者へのコーチングスキル指導）
・（一社）フィールド・フロー認定メンタルコーチ（スポーツ選手のメンタルサポート）
・（一社）日本アンガーマネジメント協会認定ファシリテーター（怒りのコントロール）
・ビジネスコーチ株式会社認定エグゼクティブコーチ
・原田教育研究所認定原田メソッドパートナー（大谷翔平マンダラチャート）
・国家資格キャリアコンサルタント（キャリアコンサルタント）

著者への感想・お問合せはこちらからお願いします

info@sakaiosamu.life

企画協力

ネクストサービス松尾昭仁

STAFF

校正　ペーパーハウス

イラスト　加賀谷育子

カバーイラスト　mammoth.

図解入門ビジネス
マネジメントに役立つ
エンゲージメントの高め方が
よくわかる本

発行日	2025年 2月10日	第1版第1刷

著 者　境 修

発行者　斉藤　和邦

発行所　株式会社　秀和システム
　　　　〒135-0016
　　　　東京都江東区東陽2-4-2　新宮ビル2F
　　　　Tel 03-6264-3105（販売）Fax 03-6264-3094

印刷所　三松堂印刷株式会社　　　　　Printed in Japan

ISBN978-4-7980-7331-6 C0034